www.ingramcontent.com/pod-product-compliance
Lightning Source LLC
LaVergne TN
LVHW021303080526
838199LV00090B/5998
9789358729832

تعلیم کا فلسفہ:

سوامی وویکانند

(مضامین)

سوامی سوواہانندا

© Taemeer Publications LLC

Taaleem ka Falsafa : Swami Vivekananda *(Essays)*
by: Swami Swahananda
Edition: September '2024
Publisher :
Taemeer Publications LLC (Michigan, USA / Hyderabad, India)

ISBN 978-93-5872-983-2

مصنف یاناشر کی پیشگی اجازت کے بغیر اس کتاب کا کوئی بھی حصہ کسی بھی شکل میں بشمول ویب سائٹ پر اَپ لوڈنگ کے لیے استعمال نہ کیا جائے۔ نیز اس کتاب پر کسی بھی قسم کے تنازع کو نمٹانے کا اختیار صرف حیدرآباد (تلنگانہ) کی عدلیہ کو ہو گا۔

© تعمیر پبلی کیشنز

کتاب	:	**تعلیم کا فلسفہ : سوامی وویکانند**
مصنف	:	**سوامی سوواہانندا**
صنف	:	غیر افسانوی نثر
ناشر	:	تعمیر پبلی کیشنز (حیدرآباد، انڈیا)
سالِ اشاعت	:	۲۰۲۴ء
صفحات	:	۷۲
سرورق ڈیزائن	:	تعمیر ویب ڈیزائن

فہرست

	صفحہ نمبر
فلسفۂ تعلیم	6
تعلیم کا واحد طریقہ	11
سیرت واخلاق کیلئے تعلیم	15
تعمیرِ شخصیت	19
اُستاد اور شاگرد	25
مذہبی تعلیم	31
مقاصد اور اسباب	39
تعلیمِ نسواں	49
عوام کی تعلیم	53
فرض کیا ہے؟	60
مالک کی طرح کام کرو	66

فلسفۂ تعلیم

تعلیم اس لیاقت وخوبی کے جمال وکمال کا نام ہے، جو پہلے سے ہی انسان کے اندر موجود ہوتی ہے۔علم انسان کو ورثہ میں ملتا ہے۔جب ہم کہتے ہیں کہ ایک انسان اتنا کچھ جانتا ہے تو نفسیاتی زبان میں اس کے معنی یہ ہوتے ہیں کہ انسان نے اتنا کچھ دریافت یا منکشف کیا ہے۔ انسان وہی کچھ سیکھتا ہے جو وہ دریافت کرتا ہے' معلوم کرتا ہے۔ وہ اپنی رُوح اور آتما سے' جو بے پایاں علم کی کان اور خزینہ ہے' پردہ ہٹا کر' کچھ دریافت کرتا ہے۔ہم کہتے ہیں کہ نیوٹن نے اصُول کشش ثقل دریافت کیا۔کیا یہ اصُول کشش ثقل کسی کونہ میں سمٹا بیٹھا نیوٹن کا انتظار کر رہا تھا؟ نہیں' یہ اس کے اپنے دل میں موجود تھا۔ وقت آیا اس نے اسے پہچان لیا۔معلوم کر لیا۔دُنیا نے جس قدر علم وہنر حاصل کیا ہے' وہ اُسکے دماغ سے اُترا ہے کائنات کی بے پایاں لائبریری (کتب خانہ) آپ کے دل ودماغ میں ہے۔خارجی دُنیا تو محض ایک تحریک' ایک ترغیب ہے' جو آپ کے دل ودماغ کو مطالعہ اور تحقیق وجستجو کے لئے اُکساتی ہے۔سیب کے درخت سے گرنے سے نیوٹن کو تحریک ملی۔اس نے اپنے دل ودماغ کا مطالعہ کیا۔سلسلۂ خیال کی پہلی تمام کڑیوں کو اُس نے از سر نو آراستہ کیا اور اس عمل میں ایک نئی کڑی' ایک نئی زنجیر کو پا لیا۔جسے ہم قانونِ کشش ثقل کہتے ہیں۔یہ اصُول نہ سیب میں تھا اور نہ ہی کرۂ ارض کے مرکز میں پنہاں تھا

اس لئے تمام علم کیا دُنیاوی اور کیا رُوحانی' انسان کے دل ودماغ میں پہلے سے ہی موجود ہوتا ہے۔بیشتر حالتوں میں اس کو دریافت نہیں کیا جاتا۔یہ ڈھکا' چھپا' پڑا رہتا ہے' جب پردۂ جہالت کو آہستہ سے پرے سرکایا جاتا ہے تو ہم پکار اُٹھتے ہیں کہ ہم سیکھ رہے ہیں۔علم کی ترقی اس پردہ

کو دور ہٹانے کے عمل کا ہی دوسرا نام ہے۔ جس انسان کے ہاتھوں یہ پردہ اور ڈھکنا پرے ہٹایا جاتا ہے وہ زیادہ صاحبِ علم اور واقفِ راز انسان ہوتا ہے۔ جس انسان پر یہ پردہ پڑا رہتا ہے وہ انجان ہے، جاہل ہے۔ جس کا پردہ کلیتاً ہٹ جاتے وہ سب کچھ جاننے والا، ہمہ بین انسان ہوتا ہے۔ چقماق میں چھپی آگ کی طرح، علم دل و دماغ میں پنہاں رہتا ہے۔ ذہنی تحریک وہ رگڑ ہے جس سے یہ آگ روشن ہو جاتی ہے۔ تمام علم، طاقت اور قوت انسان کے اندر پنہاں ہے۔ ہم سب جنہیں قدرت کی قوتیں، قدرت کے راز کہتے ہیں، یہ سب اندر ہی پنہاں ہیں۔ تمام علم انسان کے دل و دماغ سے اُترتا ہے۔ بندہ تو محض اس علم کا اظہار کرتا ہے۔ اس کو اپنے اندر دریافت کر لیتا ہے۔ یہ ازلی ذخیرہ ہے، پہلے بھی وہیں موجود تھا۔

حقیقت میں کوئی کسی کو نہیں پڑھاتا۔ ہم میں سے ہر ایک کو خود اپنے آپ کو پڑھانا ہوتا ہے۔ بیرونی اُستاد تو محض ایک تحریک پیدا کر سکتا ہے۔ یہ ترغیب و تحریک اندرونی اُستاد کو چیزیں سمجھنے کے کام پر مامور کرتی ہے تب ہمارے اپنے ہی شعور اور اپنے ہی خیال کی قوت سے یہ چیزیں ہمیں صاف سمجھ میں آنے لگ جاتی ہیں۔ اور ہم اُنہیں اپنے ہی دل و دماغ کے اندر معلوم کر لیتے ہیں۔ بڑ کا اتنا بڑا درخت جو کئی سو گز زمین پر پھیلا ہوا ہے، کبھی اس چھوٹے سے بیج کے اندر موجود تھا جو سرسوں کے ایک دانے کے آٹھویں حصہ سے بڑا نہیں ہوتا۔ بے پناہ قوت کا یہ ذخیرہ وہاں پنہاں تھا۔ اسی طرح عظیم الشان عقل مادۂ حیات کے ایک ذرہ میں لپٹی پڑی تھی۔ آپ کو یہ بات مہمل سی لگتی ہو، لیکن ہے یہ بالکل درست۔ ہم میں سے ہر ایک اسی مادۂ حیات کے ایک ذرہ کی تخلیق ہے۔ اور تمام طاقتیں جو ہمیں حاصل ہیں اس مادہ کے ذرہ کے اندر سانپ کی طرح کنڈل مارے لپٹی پڑی تھیں۔ ہم نہیں کہہ سکتے کہ یہ طاقتیں غذا سے بنیں تھیں۔ کیونکہ اناج اور غلہ کے پہاڑ جیسے ڈھیر لگا دو، کیا وہاں سے طاقت ملے گی؟ حق تو یہ ہے کہ تمام قوت احتمالی طور پر وہاں موجود تھی۔ یہ دوسری بات ہے کہ انسان اسے جانے یا نہ جانے۔ کیفیت انسانی رُوح کی بے پایاں طاقت کی ہے۔

نورِ حق، بیشتر انسانوں کے اندر اسی طرح چھپا ہوتا ہے۔ جیسے کوئی لیمپ لوہے کے ڈبہ میں بند ہو، روشنی کی ایک بھی شعاع جس کے باہر نہ جھانک سکی ہو۔ آہستہ آہستہ نفس کشی اور ایثارِ نفسی سے ہم اس ڈھکنے اور پردے کو رقیق و شفاف بناتے ہیں اور بالآخر یہ غلاف، یہ پردہ شیشہ کی طرح شفاف ہو جاتا ہے۔ شری رام کرشن لوہے کے ایک ایسے ہی غلاف تھے، جو شیشے کی طرح اِس قدر منور اور شفاف بن چکے تھے کہ ان کے اندر کے نور و جمال کو جوں کا توں دیکھا جا سکتا تھا۔

بچہ کو پڑھانا پودے کو بونے جیسا عمل ہے جیسے پودہ اپنی فطرت سے نشو و نما پاتا ہے۔ اسی

طرح بچہ اپنے آپ کو پڑھاتا ہے بس آپ اسے اپنے راستہ پر آگے بڑھنے میں مدد دے سکتے ہیں جو کچھ بھی آپ کریں گے۔ مثبت نوعیت کا نہیں منفی نوعیت کا ہوگا۔ آپ رکاوٹیں اور اڑچنیں دور کر دیں گے تو علم اپنے آپ آجائے گا۔ زمین کو ذرا نرم بنا دو تاکہ بیج کو اُگنے میں سہولت ہو جائے۔ اس کے آس پاس باڑ لگا دو تاکہ کوئی اُسے تباہ نہ کر دے آپ اُگ رہے بیج کو ایسا ضروری سامان بہم پہنچا دیں جس سے اس کا جسم اور تن بن سکے اس مقصد کے لئے اسے مٹی، پانی اور ہوا جس چیز کی بھی ضرورت ہو بہم پہنچایئے یہاں آپ کا کام ختم ہو جاتا ہے اب جس جس چیز کی اسے ضرورت ہوگی، یہ خود بخود فطری طور پر حاصل کرتا چلا جائے گا۔ یہی کیفیت بچہ کی تعلیم کی ہے۔ بچہ اپنے آپ کو پڑھاتا ہے۔ استاد کا یہ سوچنا کہ وہ بچہ کو پڑھا رہا ہے، سب کچھ بگاڑ دیتا ہے! انسان کے اندر ہی سب علم پنہاں ہے اسے محض جگانے اور بیدار کرنے کی ضرورت ہے۔ استاد کو فقط اتنا ہی کام کرنا ہوتا ہے کہ بچے اس قدر علم سیکھ لیں کہ وہ اپنے ہاتھوں، پاؤں کانوں اور آنکھوں، سب اعضا کا درست استعمال کر سکیں! ایسا نظام تعلیم، جس کا مقصد ہمارے بچوں کو اسی طرح کی تعلیم و تربیت دینا ہے جس طرح ایک شخص نے کسی کے کہنے پر اپنے گدھے کو اس لئے زد و کوب کرنا شروع کر دیا کہ شاید ایسا کرنے سے گدھا گھوڑا بن جائے گا، ختم کر دینا چاہیے اپنے والدین کے غیر ضروری دباؤ اور دبدبہ کی وجہ سے ہمارے بچے ترقی کے لئے آزادانہ مواقع نہیں حاصل کر پاتے۔ ان میں سے ہر ایک بچہ میں عظیم رجحانات پنہاں ہوتے ہیں جو اپنی تشنگی بجھانے کے لئے مناسب اور سازگار ماحول کے حاجت مند رہتے ہیں۔ اصلاح کی متشددانہ کوشش ہمیشہ اصلاح کو روک دیتی ہیں۔ اگر آپ کسی کو شیر بننے کی اجازت نہیں دیں گے، وہ لومڑی بن کر رہ جائے گا

ہمیں بچوں کو مثبت اور حقیقی خیال و فکر دینا چاہیے۔ منفی خیال و فکر انسان کو کمزور بنا دیتا ہے۔ کیا آپ نہیں دیکھتے ہیں کہ جہاں کہیں والدین اپنے بچوں کو سخت سست کہہ کر پڑھنے لکھنے کے لئے مجبور کرتے ہیں۔ جہاں والدین بچوں کو ہر وقت یہ کہتے رہتے ہیں کہ تم کبھی کچھ بھی نہیں سیکھ سکتے۔ جہاں بچوں کو ہر وقت بیوقوف اور نکما کہہ کر پکارا جاتا ہے۔ وہاں بچے فی الحقیقت ایسے ہی بن جاتے ہیں۔ اگر آپ ان سے شفقت سے پیش آئیں۔ میٹھے بول سے ان کا حوصلہ بڑھائیں، تو یقینی طور پر بچے وقت پا کر بہتر بن جائیں گے اور ترقی کر جائیں گے۔ اگر آپ انہیں مثبت خیالات دیں تو وہ سیکھ جائیں گے کہ اپنے پاؤں پر کس طرح کھڑا ہوا جاتا ہے ان کی نثر و نظم میں۔ زبان و ادب میں، ہمیں غلطیوں کا شمار نہیں کرنا چاہیے اور نہ ہی اُن پر نکتہ چینی کرنی چاہیے بلکہ انہیں بتانا چاہیے کہ وہ کس طرح اپنی اصلاح کر سکتے ہیں۔ بچے کی ضرورتوں کے مطابق طریقہِ تعلیم میں اصلاح کی جانی چاہیے۔ پہلی زندگیوں نے ہمارے رجحانات کو ایک مخصوص سانچے میں ڈھالا ہے۔ اس لئے طالب علموں کو ان کے رجحانات کے مطابق تعلیم دینی چاہیے۔ جہاں کوئی کھڑا ہے اُسے وہاں سے سنبھالئے اور آگے کی طرف دھکیلئے، آگے بڑھایئے۔ ہم نے دیکھا ہے کہ شری لام کرشن نے کس طرح ایسے افراد کی بھی حوصلہ افزائی کی جنہیں ہم نکمے سمجھا کرتے تھے۔ اور کس طرح انہوں نے ان افراد کی زندگیوں کا رُخ.

موڑ کر رکھ دیا۔ انہوں نے ایک بھی فردِ واحد کے مخصوص رجحانات کو تباہ و تلف نہ کیا۔ وہ ہمیشہ حوصلہ اور امید دلاتے تھے ایسے افراد کو بھی جو انتہائی بگڑے ہوئے تھے، اُنہوں نے اِسی طرح ان کا بیڑا پار کر دیا۔

آزادی، ترقی کی پہلی شرط ہے! اگر آپ میں سے کوئی شخص یہ کہتا ہے کہ میں عورت یا بچہ کی نجات کے لئے محنت کروں گا تو یہ غلط بات کہتا ہے۔ سو فی صدی غلط۔ خاطر جمع رکھئے، یہ بچے اپنے مسائل کو خود حل کریں گے آپ کون ہوتے ہیں جو یہ سوچنے لگ جائیں کہ آپ سب کچھ جانتے ہیں؟ کس طرح آپ یہ سوچنے کی جرأت کرتے ہیں کہ آپ کو نظامِ قدرت پر کوئی حق و اختیار حاصل ہے؟ کیا آپ نہیں جانتے کہ ہر روح، خدا کی روح ہے۔ ہر ایک کو خدا کو سمجھو۔ آپ صرف خدمت کر سکتے ہو۔ آپ میں ہمت و توفیق ہو تو خدا کے بندوں، ایشور کے بچوں کی خدمت کرو۔ اگر بھگوان نے آپ کو اس قابل بنایا ہے کہ آپ اس کے کسی بچہ کی خدمت کر سکیں تو آپ مبارک اور خوش نصیب ہیں کہ یہ ہمت و توفیق آپکے حصہ آئی ہے، دوسروں کو نہیں ملی۔ اس خدمت کو پرستش اور پوجا سمجھ کر کرو۔

تعلیم سے مراد اطلاعات کے اس انبار سے نہیں ہوتی جو آپ کسی کے دل و دماغ میں بھر دیتے ہیں اور ایک محشر برپا کر دیتے ہیں۔ اس سے مراد ایسے علم سے بھی نہیں جو زندگی بھر ہضم نہ ہو سکے۔ ہمیں تو تعمیر زندگی کرنا ہے، تعمیر اخلاق کرنا ہے، تعمیر مزاج کرنا ہے۔ بلند اور عظیم خیالات کو زندگی میں جذب کرنا ہے۔ آپ نے اگر صرف پانچ خیالات کو اپنا لیا، انہیں زندگی میں جذب کر لیا۔ اپنی زندگی اور اپنا اخلاق ان کے مطابق ڈھال لیا تو آپ ایسے شخص سے زیادہ علم رکھتے ہیں جس نے سارے کتب خانہ کو حفظ اور ازبر کر لیا ہو۔ اگر تعلیم کا مطلب واقفیت اور علم ہی ہوتا تو کتب خانے، دنیا کے سب سے زیادہ دانشور اور دانا ہوتے اور قاموس العلوم (انسائیکلو پیڈیا) رشی اور فرزانے ہوتے۔

دوسروں کے خیالات کو غیر ملکی زبان میں حفظ کر لینے اور انہیں دماغ میں کوٹ کوٹ کر بھر لینے یا کسی یونیورسٹی سے چند سندیں اور ڈگریاں حاصل کرنے سے ہی کیا آپ اپنے آپ کو تعلیم یافتہ سمجھنے لگے ہیں؟ کیا یہ تعلیم ہے؟ آپ کی تعلیم کا مقصد اور نصب العین کیا ہے؟ کلرک یا وکیل بننا اور بہت ہوا تو ڈپٹی مجسٹریٹ کا عہدہ سنبھالنا جو دراصل کلرکی کا ہی دوسرا نام ہے۔ کیا یہی ہے آپ کا نصب العین؟ اس سے آپ کا یا ملک و قوم کا کیا بھلا ہوگا؟ اپنی آنکھیں کھولو اور دیکھو کہ کس طرح بھارت ورش میں اناج اور روٹی کے لئے بلکنے والوں کی دردناک چیخیں اٹھ رہی ہیں۔ کیا آپ کی تعلیم اُن کی شکم پروری کر سکے گی؟ جو ایسی تعلیم جس سے عوام کو کوئی فائدہ نہیں پہنچتا، جس سے وہ زندگی کی جد و جہد کا مقابلہ کرنے کے لئے تیار نہیں ہو پاتے، جس سے اخلاق کی قوت نہیں ملتی۔ جس سے خدمتِ خلق کا ولولہ بیدار نہیں ہوتا اور آپ کے دل کو شیر جیسی ہمت نہیں ملتی، کیا یہ تعلیم، تعلیم کہلانے کی مستحق ہے؟

ہم تو ایسی تعلیم چاہتے ہیں جس سے اخلاق بن سنور سکے۔ دل کی قوت بڑھ سکے، فہم و فراست وسیع

ہو سکے اور ہر شخص اپنے پاؤں پر خود کھڑا ہو سکے۔ ضرورت اس امر کی ہے کہ ہم غیر ملکی اقتدار اور غلبہ دُور کر کے اپنے علم دُہنر کی مختلف شاخوں کا مطالعہ کریں اور اس کے ساتھ ہی انگریزی زبان اور مغربی سائنیس پڑھیں ہمیں ٹیکنیکل تعلیم اور ایسی ہر دوسری تعلیم کی ضرورت ہے جس کی بدولت صنعتیں ترقی کر سکیں۔ تاکہ آدمی نوکری اور ملازمت کی خاطر سرگرداں ہونے کے بجائے اتنا کما سکے کہ نہ صرف اس کا گذارہ چل سکے بلکہ مصیبت کے لئے بھی کچھ جوڑ سکے۔

ساری تعلیم، ساری تربیت کا مقصد انسان سازی اور اخلاق سازی ہونا چاہیئے۔ کُل تربیت کا مقصد اور انجام یہی ہے کہ انسان ترقی کر سکے۔ جس تعلیم کی بدولت انسان اپنی قوتِ ارادی کی روانی اور اس کے اظہار کو قابو میں رکھ سکے اور مفید بن سکے، صحیح تعلیم کہلاتی ہے۔ ہمارے ملک کو اس وقت ضرورت ہے لوہے کے پٹھوں اور فولاد کی نسوں کی ج ایسی عظیم الشان قوتِ ارادی کی جس کے آگے کچھ بھی نہ ٹھہر سکے۔ جو کائنات کے سربستہ رازوں اور اسراروں کو کھول سکے اور جو اپنے ہر مقصد کو حاصل کر سکے۔ خواہ اُس کا مطلب غوطہ لگا کر سمندر کی گہرائیوں میں موت کی آنکھوں سے آنکھیں ڈالنا ہی کیوں نہ ہو۔ ہر سو، ہر جگہ، ہمیں اِسی انسان ساز، تعمیرِ اخلاق کرنے والی تعلیم کی ضرورت ہے۔

تعلیم کا واحد طریقہ

علم حاصل کرنے کا ایک ہی طریقہ ہے اور وہ ہے یکسوئی قلب. جوہرِ تعلیم کیا ہے؟ دل کی یکسوئی، من کی ایکاگرتا انتہائی بلندیوں سے ادنیٰ ترین انسان تک، سب کو علم حاصل کرنے کے لئے اسی طریقۂ تعلیم کو بروئے کار لانا ہوتا ہے۔ ایک کیمسٹ (کیمیاگر) جو اپنی لیبارٹری (تجربہ گاہ) میں کام کرتا ہے جب اپنے دل ودماغ کی سب طاقتیں ایک ہی نکتہ پر اکٹھی کر دیتا ہے اور اسے مختلف اجزاؤں اور عناصروں پر مرکوز کرتا ہے تو سب عناصر کا صحیح صحیح تجزیہ ہو جاتا ہے اسے ایک نیا علم حاصل ہوتا ہے جب ایک ہیت دان اپنے دل ودماغ کی قوتوں کو ایک ہی مرکز پر جمع کرتا ہے. اور اپنی دوربین کے ذریعہ انہیں سیاروں پر ڈالتا ہے تو یہ ستارے اور سیارے یہ سارا اجرام فلکی دلوانہ وار آگے بڑھ کر اپنے رازوں کو اس ہیت دان پر افشا کر دیتا ہے. یہی کیفیت ہے کرسی پر بیٹھے ہوئے پروفیسر کی کتاب پر جھکے ہوئے طالب علم کی اور ہر اُس انسان کی جو کچھ جاننے کے لئے کوشاں ہے۔

یہ قوت یکسوئی جتنی زیادہ ہوگی، اسی قدر زیادہ علم حاصل ہوگا۔ حتےٰ کہ ادنیٰ بوٹ پالش کرنے والا بھی اگر زیادہ توجہ سے کام لے تو جوتوں کو زیادہ چمکا سکے گا یکسوئی قلب کے ساتھ باورچی کہیں بہتر کھانا پکا سکے گا۔ روپیہ کماتے ہوئے یا یادِ خدا اور عبادت وریاضت کرتے ہوئے غرض کہ ہر ایک کام کرتے ہوئے یکسوئی قلب جتنی زیادہ ہوگی، اتنا ہی وہ کام بہتر ہوگا. یہی وہ ایک صدا اور دستک ہے جس سے اسرار قدرت کے دروازے کھلتے ہیں، اور روشنی کا سیلاب اُمڈ آتا ہے۔

عام آدمی نوّے فی صدی قوتِ خیال ضائع کر دیتا ہے اور یہی وجہ ہے کہ وہ پیہم غلطیاں کرتا ہے تربیت یافتہ انسان کا دل ودماغ کبھی غلطی نہیں کرتا. انسانوں اور حیوانوں کے درمیان سب سے بڑا فرق ان کی قوتِ

یکسوئی میں ہے۔ جانور کی قوت یکسوئی بہت تھوڑی ہوتی ہے۔ جو لوگ جانوروں کو سدھاتے ہیں اکثر وہ اس بات سے پریشان رہتے ہیں کہ جو کچھ جانوروں کو پڑھایا جاتا ہے' وہ اُسے بہت جلد بھول جاتے ہیں۔ ادنیٰ ترین اور اعلےٰ ترین انسان کا مقابلہ کر دیکھئے۔ فرق یکسوئیِ قلب کی مقدار اور درجہ میں ہوتا ہے۔

کسی بھی پختہ کار کردگی' کامیابی اسی (یکسوئی قلب) کی مرہونِ منت ہے۔ علوم وفنون' موسیقی اور مصوری میں جو عظیم کامیابیاں حاصل ہوئی ہیں یکسوئی قلب کے طفیل حاصل ہوئی ہیں جب دل و دماغ یکسو ہو جائیں جب دل و دماغ دوسری سب باتوں سے بیگانہ اور بے تعلق سے بن جائیں' تب اندر کی سب طاقتیں ہماری غلام اور فرمانبردار ہوتی ہیں۔ آقا نہیں ہوتیں۔

یونانیوں نے یکسوئی قلب کو خارجی دنیا پر استعمال کیا اور نتیجہ نکلا کہ انہوں نے فنونِ لطیفہ' اور علم و ادب میں کمال کر دکھایا۔ ہندوؤں نے یہ یکسوئی اندرونی دنیا پر انسانی ذات کی ان دیکھی کائناتوں کے اسرار و رموز جاننے پر مرکوز کر دی' اور یوگ کی سائنس کو پروان چڑھایا۔ دنیا اپنا ہر راز ہم پر کھولنے کو تیار ہے بشرطیکہ ہم یہ جانتے ہوں کہ صدا کس طرح بلند کرنی ہے۔ دستک کس طرح دینی ہے اور دروازہ کھولنے کے لئے ضرب کس طرح لگانی ہے قوتِ ضرب یکسوئی سے ملتی ہے۔

یکسوئی کی قوت ہی علم کے خزانہ کی واحد کنجی ہے۔ اس وقت ہم بہت پریشان و حیران ہیں اور اپنی قوتوں کو سینکڑوں باتوں پر ضائع کر رہے ہیں جونہی ہم خیالات کو ایک مرکز پر لانے اور اپنے دل و دماغ کو علم کے ایک شے پر یکسو کرنے کی کوشش کرتے ہیں۔ ہزاروں غیر پسندیدہ موجیں سطحِ دماغ پر ابھرنی شروع ہو جاتی ہیں۔ دل و دماغ میں ہزاروں خیالات کا طوفان آ جاتا ہے اور یکسوئی قلب درہم برہم ہو جاتی ہے۔ اسے کیسے روکا جائے' اور کس طرح دل و دماغ کو قابو میں لایا جائے؟ راج یوگ اسی سے عبارت ہے۔ ریاضت و عبادت کی مشق اور مہارت سے یکسوئی قلب حاصل ہو جاتی ہے۔

میرے نزدیک تعلیم کا جوہر محض حقائق کو جمع کرنا نہیں' بلکہ یکسوئیِ قلب حاصل کرنا ہے۔ اگر مجھے ایک بار پھر سے تعلیم حاصل کرنی ہو تو میں بھول کر بھی حقائق کا مطالعہ نہیں کروں گا۔ بلکہ میں یکسوئی اور بے تعلقی کی طاقت میں اضافہ کروں گا اور بعد ازاں اس سلیم العقلی سے سب حقائق فراہم کروں گا۔

گراں بہا طاقت اور قوت اُس مرد کو نصیب ہوتی ہے جو مسلسل بارہ برس تک برہمچریہ اور پاک دامن رہے مکمل نفس کشی سے بے پناہ ذہنی اور روحانی طاقت ملتی ہے۔ باضبط خواہش اعلےٰ ترین نتائج کی حامل ہوتی ہے۔ اپنی جنسی اور شہوانی قوت کو روحانی طاقت میں تبدیل کر لو جتنی مضبوط یہ طاقت ہوگی' اتنا ہی زیادہ کام اس سے لیا جا سکے گا۔ بالکل ایسے جس طرح پانی کی صرف تیز و تند روانی سے بجلی پیدا کی جاتی ہے۔ یہ پرہیزگاری

اور ایثار نفسی کی کمی ہے جس کی وجہ سے ہمارے ملک میں ہر چیز تباہی کے دہانہ تک پہنچ چکی ہے نفس کشی کرنے اور برہمچریہ رہنے سے سب علم بہت تھوڑے وقت میں حاصل کیا جا سکتا ہے اس کی بدولت کبھی نہ دھوکہ دینے والی ایسی قوتِ حافظہ حاصل ہو جاتی ہے کہ جو ایک بار سنا یا دیکھا اسے پھر کبھی نہ بھولا گیا۔ پارسا اور رنیک دل و دماغ بے پناہ طاقت اور غضبناک قوتِ ارادی رکھتا ہے۔ پرہیزگاری اور پارسائی کے بنا کوئی روحانی پیشوائی نہیں مل سکتی۔ اس ضبط و پرہیز سے بنی نوع انسان کو حیران کن اختیارات مل جاتے ہیں۔ روحانی پیشوا اور مہاپرش بہت سخت پرہیزگار اور پارسا ہوا کرتے تھے، یہی وجہ تھی کہ انہیں اس قدر طاقت حاصل ہوتی تھی۔

ہر ایک بچہ کو تربیت دی جانی چاہیئے کہ وہ مکمل پرہیزگار رہے ایسا کرنے اور صرف ایسا کرنے سے ہی اسے صدق و ایمان وشواس اور شردھا نصیب ہوگی۔ من بچن کرم سے مکمل پرہیزگاری کا نام برہمچریہ ہے۔ نفس پروری کا خیال اتنا ہی خراب اور مضر ہے جس قدر غیر پرہیزگاری۔ برہمچاری کو من بچن اور کرم سے مکمل طور پر پرہیزگار ہونا چاہیئے۔ اسے اپنے دل، اپنی زبان اور اپنے فعل پر قادر ہونا چاہیئے۔ شردھا ایمان و اعتقاد کا نظریہ اور خیال ایک بار ہمیں پھر سے زندہ کرنا ہوگا۔ ہمیں اس جذبہ خود اعتمادی کو پھر سے بیدار کرنا ہوگا۔ تب کہیں جا کر وہ تمام مسائل جو ملک کے درپیش ہیں، حل ہو سکینگے۔ ہمیں اس وقت ضرورت صدق و ایمان کی ہے۔ ایک انسان اور دوسرے انسان میں جو فرق و امتیاز ہے، وہ شردھا کی کمی بیشی کا فرق ہے، اور کچھ نہیں۔ کوئی بڑا بن گیا۔ کوئی چھوٹا بن گیا۔ یہ سب کم و بیش شردھا اور اعتقاد کی کرشمہ سازی ہے میرے استادِ کامل گورو دیو کہا کرتے تھے کہ جو اپنے آپ کو کمزور اور ناتواں کہتا ہے۔ وہ ناتواں اور کمزور بن جائے گا۔ اس سچائی میں شک و شبہ کی کوئی گنجائش نہیں۔ یہی شردھا ہمارے خون میں رچ جانی چاہیئے۔ مغربی نسلوں نے جس قدر مادی ترقی کی ہے وہ صرف شردھا کا ہی نتیجہ اور ثمر ہے کیونکہ وہ اپنی قوتِ بازو پر بھروسہ رکھتے ہیں۔ اگر آپ روح میں وشواس رکھیں تو دیکھیئے کہ یہ روح کس قدر زیادہ کام کرتی ہے میں آپ سے پرزور درخواست کرتا ہوں کہ اسی نکتہ کو اچھی طرح ذہن نشین کر لیں۔ اس آدمی سے کوئی بھلائی اور اچھائی نہیں ہو سکتی جو دن رات یہی کہتا ہے کہ وہ کچھ بھی نہیں۔ اگر کوئی آدمی دن رات یہی سوچتا رہے گا کہ وہ ادنےٰ، حقیر اور ہیچ ہے تو ایک دن وہ ضرور ادنےٰ بن جائے گا۔ آپ شام و سحر جو کچھ کہتے رہیں گے۔ ایک دن وہی کچھ بن جائیں گے۔ یہ بڑے گُر کی بات ہے جو آپ کو ذہن نشین کر لینی چاہیئے۔ ہم ایشور کی سنتان، اللہ کی اولاد ہیں۔ ہم بے پناہ خدائی آگ کے شعلے ہیں۔ ہم حقیر و ناچیز کیسے ہو سکتے ہیں؟ ہم سب کچھ ہیں اور سب کچھ کرنے کے درپے ہیں۔ ہم سب کچھ کر سکتے ہیں۔ اپنے آپ میں یہ وشواس اور اعتقاد ہی ہمارے بزرگوں اور آبا و اجداد کے دلوں میں تھا۔ یہ وشواس اور اعتقاد ہی وہ محرک قوت بنا جس کے بل بوتے پر انہوں نے دنیا کے تہذیب و تمدن میں تہلکہ مچا دیا اگر کہیں ابتری نمودار ہوئی اگر کہیں ناکامی یا خرابی دیکھنی پڑی تو اس کی وجہ یہ تھی کہ ان لوگوں نے اپنے آپ میں بھروسہ کرنا ترک کر دیا تھا۔ وہ دولت خود اعتمادی

سے محروم ہو گئے ہیں۔

شردھا کا یہی اصول پڑھانا اور حقیقی جذبہ خود اعتمادی پیدا کرنا ہی میری زندگی کا نصب العین ہے۔ میں مکرر کہتا ہوں کہ' یہ اعتقاد اور بھروسہ ہی بنی نوع انسان کی سب سے بڑی' بے پناہ قوت کا سرچشمہ رہا ہے۔ پہلے آپ اپنے پر بھروسہ رکھنا سیکھو۔ یہ جان لو کہ خواہ ایک شخص بلبلہ ہو اور دوسرا شخص اس کے مقابلہ میں کوہ پیکر لہر ہو' لیکن ہر لہر اور بلبلہ کے پیچھے ایک بحر بیکراں ہے۔ یہی بحر بیکراں میری پشتِ پناہ ہے' وہی آپ کی پشت پناہ ہے۔ جس طرح میرے لئے یہ سرچشمۂ حیات' قوت اور معرفت ہے اسی طرح آپ کے لئے ہے۔ اس لئے میرے بھائیو! اپنے بچوں کو یہی حیات بخش' عظیم خوبیاں پیدا کرنے والا' عالیشان اصولِ پیدائش کے ساتھ ہی پڑھانا شروع کردو۔

سیرت و اخلاق کے لئے تعلیم

آدمی کا اخلاق اور اس کی سیرت کیا ہے؟ اس کے چند رجحانات کا مجموعہ! اس کے دل و دماغ کے میلان کا میزان جیسے جیسے خوشی اور غمی کے پرتو اس کی رُوح کے سامنے سے گذرتے چلے جاتے ہیں ویسے ویسے اس کی رُوح پر مختلف نقوش بنتے چلے جاتے ہیں۔ ان ملے جُلے نقوش، اور خاکوں کے مجموعہ کو ہم انسان کا اخلاق کہتے ہیں۔ ہم وہی ہیں جو کچھ ہمیں ہمارے خیالات نے بنایا ہے۔ گویا ہر خیال ہتھوڑے کی ایک چوٹ، ضرب ہے جو ہمارے جسموں پر پڑتی ہے اور ہمیں وہی کچھ بناتی جاتی ہے جو کچھ ہم بنا چاہتے ہیں۔ الفاظ تو محض ثانوی حیثیت رکھتے ہیں کیونکہ خیالات زندہ رہتے ہیں اور بہت دُور تک سفر کرتے ہیں۔ اس لئے جو کچھ آپ سوچتے ہیں، اس کا بہت دھیان رکھیئے اور اسے اولین اہمیت دیجیے۔

سیرت و اخلاق کی تعمیر میں زحمت بھی اتنی ہی ذمّے دار ہے جتنی رحمت۔ بلکہ بعض حالتوں میں لطف و کرم کی نسبت رنج والم بہت زیادہ تعلیم دیتا ہے۔ دنیا کے بڑے بڑے انسانوں کی زندگی کا مطالعہ کرکے دیکھ لیں میں دعوے سے کہتا ہوں کہ بیشتر حالتوں میں آپ دیکھیں گے کہ یہ رنج و عذاب تھا جس نے لطف و کرم کی نسبت ان کو زندگی کو عظمتوں سے سرفراز کیا۔ یہ غربت تھی جس نے انہیں فارغ البالی سے کہیں زیادہ پڑھایا۔ اور یہ مخالفت و مزاحمت کی پیہم ضربیں اور چوٹیں تھیں جنہوں نے تعریف سے کہیں زیادہ اندرونی آگ کو بھڑکایا۔ نازو ادا ؤں سے پلنے والا۔ اور پھولوں کی سیج پر سونے والا، جس نے عمر بھر ایک آنسو نہ بہایا ہو، بھلا کہیں ایسا شخص بھی بڑا انسان بنا ہے؟ جب انسان کے دل میں درد محبت جاگتا ہے جب رنج والم کی ضربیں مارنے والا طوفان چاروں طرف سے گھر آتا ہے جب محسوس ہوتا ہے کہ اب شاید کبھی روشنی کی صُورت دیکھنی نصیب نہیں ہوگی۔ جب اُمید و ہمّت

کا دامن چھوٹ جاتا ہے۔ جب انسان ہیبت ناک روحانی طوفان میں محصور ہو جاتا ہے۔ تب اس وقت، اس کے اندرونِ خانۂ دل میں روشنی پھوٹتی ہے

ذہن ایک جھیل کی طرح ہے۔ دل و دماغ میں جو جو لہریں اٹھتی ہیں جب فرو ہوتی ہیں تو کلیتاً نہیں مرتیں، بلکہ کچھ نقوش چھوڑ جاتی ہیں۔ کچھ ایسے نقوش جو مستقبل میں نہ جانے کس وقت اجاگر ہو جائیں۔ ہر فعل جو ہم کرتے ہیں اور ہر حرکت جو جسم کرتا ہے، ہر خیال جو ہم سوچتے ہیں۔ اسی طرح دنیا پر ایک نقش جماتا چلا جاتا ہے۔ یہ نقوش اور تاثرات خواہ سطحی طور پر بہت نمایاں نہ ہوں، باطنی طور پر بہت پائیدار ہوتے ہیں۔ ہم کیا ہیں، انہی نقوش اور تاثرات کا میزان اور مجموعہ۔ اگر اچھے تاثرات غالب ہوں گے تو سیرت اچھی بن جائے گی اگر خراب ہوں گے تو سیرت خراب بن جائے گی۔ اگر ایک انسان دبیم برے الفاظ سنتا ہے، برے خیالات سنتا ہے، برے کام کرتا ہے تو اس دل و دماغ پراگندہ تاثرات اور نقوش سے معمور ہو گا اور یہ تاثرات اور نقوش لازمی طور پر اس کے اخلاق و کردار پر اثر انداز ہوں گے، خواہ وہ فرد اس امر سے آگاہ ہو یا نہ ہو حقیقت یہ ہے کہ یہ برے تاثرات ہمیشہ کام کرتے رہتے ہیں۔ ان برے تاثرات کا کل میزان کسی دن ایک ایسی محرک قوت بن جائے گا جس سے انسان خواہ مخواہ برے کام کرنے لگ جائے گا وہ اپنے ان تاثرات کے ہاتھوں میں ایک آلۂ کار بن کر رہ جائے گا

اسی طرح اگر ایک شخص اچھی باتیں سوچتا ہو، اچھے کام کرتا ہو تو ان کل تمام تاثرات کا میزان اچھا ہو گا اسی طرح اسے اچھے کام کرنے پر مجبور کر دے گا خواہ اس کی مرضی ہو یا نہ ہو جب ایک فرد اس قدر اچھے کام کر لیتا ہے اور اچھے خیالات سوچ لیتا ہے تو اس کے اندر اچھے کام کرنے کا ایک ناقابلِ مزاحمت، قدرتی میلان اور رجحان پیدا ہو جاتا ہے۔ پھر اگر وہ کبھی کوئی بدی کرنا بھی چاہے تو اس کا من، اس کا دل و دماغ، جو اس کے اپنے رجحانات کا ہی مجموعہ اور میزان ہے، اسے بدی نہیں کرنے دیگا۔ وہ مکمل طور پر اچھے اور نیک رجحانات کے زیرِ اثر ہو گا جب ایسی حالت ہو جائے تب انسان نیک چلن اور نیک سیرت بن جاتا ہے اگر آپ ایک آدمی کی سیرت کا پتہ لگانا چاہتے ہیں تو آپ اس کے بڑے بڑے کارہائے نمایاں پر نہ جایئے بلکہ دیکھیے کہ یہ انسان اپنے بیشتر کام کس طرح کرتا ہے۔ اس طرح آپ کو معلوم ہو جائے گا کہ اس بڑے آدمی کی اصل سیرت کیسی ہے۔ بڑے حالات اور مواقع نے انتہائی بدطینت آدمیوں سے بڑے کام کروا دیے۔ لیکن حقیقی معنوں میں صرف وہی شخص بڑا ہو گا جس کا اخلاق ہمیشہ ہمیشہ اچھا اور نیک رہے صرف ایسا آدمی، خواہ وہ کہیں رہے، بڑی بات کریگا۔

جب ایسے بہت سے تاثرات دل میں رہیں تو عادت بن جاتے ہیں۔ کہا جاتا ہے کہ عادت فطرتِ ثانی ہے۔ یہی انسان کی پہلی اور اصلی کیفیت ہے۔ ہم جو کچھ بھی ہیں، اس عادت کا نتیجہ ہیں اس سے ہمیں ایک

ڈھارس سی ملتی ہے کیونکہ ہم جب چاہیں اس عمارت کو بنا بگاڑ بھی سکتے ہیں اور ردو قبول بھی کر سکتے ہیں بُری عادت کا واحد علاج اُن کے متضاد — اچھی عادتیں ہیں۔ اچھے کام کرتے جاؤ۔ اچھی باتیں سوچتے چلو، مسلسل اور پیہم۔ یہی وہ طریقہ ہے جس کے ذریعہ تاثرات کو ختم کیا جا سکتا ہے کبھی کسی آدمی کو نکما نامراد اور نااُمید نہیں ہونا چاہیے کیونکہ وہ صرف ایک سیرت و کردار کی نمائندگی کرتا ہے۔ وہ چند عادتوں کا مجموعہ ہے جنہیں نئی اور بہتر عادتوں سے روکا اور بدلا جا سکتا ہے کردار اور سیرت پیہم اور تمامتر عادتوں کا ہی نام ہے اور صرف متواتر اور پیہم عادتیں ایک کردار اور سیرت کی اصلاح کر سکتی ہیں۔

ہر واقع بدی اور بُرائی کی وجہ ہم خود ہوتے ہیں، اس کے لئے کسی غیر قدرتی اور بالاتر قوت پر الزام نہ لگائیے۔ نہ ہی نااُمید اور مایوس بنیئے۔ اور نہ ہی کبھی یہ سوچیئے کہ ہم ایک ایسی پستی میں آگرے ہیں جس سے ہم اُس وقت تک نہیں نکل سکتے۔ جب تک کوئی آکر ہماری امداد نہ کرے۔

ہم ریشم کے کیڑوں کی مانند ہیں۔ ہم اپنے ہی آپ خیالات کا ایک جال بُن کر اپنے آپ کو اس میں گرفتار کر لیتے ہیں۔ کڑیوں کا بندھن ہم نے اسی طرح اپنے اردگرد ڈال لیا ہے لیکن ہم جہالت اور ناسمجھی کی وجہ سے یہ محسوس کرتے ہیں کہ ہم گرفتار اور بندھے ہوتے ہیں، اسی لئے ہم مدد کے لئے روتے اور آہ وزاری کرتے ہیں۔ لیکن مدد کہیں باہر سے نہیں آئے گی۔ یہ جب آئے گی، ہمارے اندر سے ہی آئے گی۔ دُنیا بھر کے خداؤں اور دیوتاؤں کو پُکار دیکھو۔ میں نے برسوں پُکارا اور بالآخر میں نے محسوس کیا کہ میری مدد کی گئی ہے لیکن جب آئی یہ مدد اندر سے آئی۔ اور میں نے غلطی سے جو کچھ پہلے کیا تھا، اس کی تلافی کرنی پڑی مجھے وہ جال، اور بندھن تار تار کرنے پڑے جو میں نے اپنے اردگرد بُن لئے تھے۔ میں نے اپنی زندگی میں بہت سی غلطیاں کیں۔ لیکن آپ یہ بات اچھی طرح ذہن نشین کر لیں کہ ان غلطیوں کے بغیر میں کچھ نہیں بن سکتا تھا جو میں آج ہوں۔ میرے کہنے کا مطلب یہ نہیں کہ آپ گھر میں جا کر دیدہ و دانستہ طور پر غلطیاں شروع کر دیں میرا مطلب ہرگز یہ نہیں میرے کہنے کا مطلب صرف یہ ہے کہ محض اس لئے افسردہ خاطر اور دلگیر نہ ہو جاؤ کہ تم سے غلطیاں سرزد ہوئی ہیں پشیمان ہونے کی کیا بات ہے؟ ان کی اصلاح کیجئے۔

ہم غلطیاں اس لئے کرتے ہیں کہ ہم کمزور اور ناسمجھ ہوتے ہیں لیکن ہمیں نادان کون بناتا ہے؟ ہم خود! ہم اپنے ہاتھ سے آنکھوں پر پردے ڈال لیتے ہیں اور یہ کہہ کر آہ وزاری شروع کر دیتے ہیں کہ ہم اندھیرے میں مر گئے۔ اپنے ہاتھ پرے ہٹا دو، روشنی ہو جائے گی۔ یہ روشنی اور جیوتی تو ہمیشہ ہمارے ساتھ رہتی ہے کیونکہ انسان کی رُوح اور اس کی آتما سبھاؤ سے ہی جیوترمئے اور منوّر ہے کیا آپ نے نہیں سُنا کہ عصرِ جدید کے سائنس دان کیا کہتے ہیں؟ وجہ ارتقا کیا ہے؟ خواہش۔ جانور، حیوان ایک کام کرنا چاہتا ہے لیکن نہیں

کرپاتا کیونکہ سازگار ماحول نہیں پاتا۔ اس لئے وہ ایک نئے جسم کو اپنا لیتا ہے۔ نیا جسم کون دیتا ہے؟ یہ جانور خود، اس کی قوتِ ارادی قائم بھی نہیں قوتِ ارادی سے کام لیجئے تو یہ آپ کو اونچا لے جائے گی۔ یہ قوت ارادی ہی سروشکتی مان، قادرِ مطلق ہے۔ آپ کہیں گے کہ اگر یہ قادرِ مطلق اور سروشکتی مان ہی ہے تو پھر میں سب کچھ کیوں نہیں کر لیتا! لیکن آپ صرف اپنی محدود سی ذات کے متعلق سوچ رہے ہیں! اپنی اس حالت پر غور کریں جب آپ محض انسانی وجود کے پرمیبا جیسے ایک کیڑے تھے پھر کس نے یہ سب کچھ بنا دیا۔ یہ کائنات کہاں سے بن گئی۔ جس نے آپ کو اس قدر لمبے قامت بنا دیا؟ وہ آپ کو اور بھی اوپر لے جائے گی جس چیز کی آپ کو ضرورت ہے وہ ہے آپ اپنی سیرت، کردار اور قوتِ ارادی کو مضبوط و مستحکم بنائے۔

اگر آپ گھر جا کر کفارہ، توبہ اور پرائسچت کے لئے ٹاٹ کا جامہ پہن کر، راکھ اور بھسم جسم پر رما کر اس لئے رونا دھونا شروع کر دیتے ہیں کہ آپ سے بعض غلط کاریاں سرزد ہو گئی ہیں تو اس سے آپ کا کچھ نہیں بنے گا۔ بلکہ اس سے آپ اور بھی کمزور ہو جائیں گے۔ اگر یہ کمرہ ہزاروں برسوں سے تاریک ہے اور آپ اس کمرے میں آ کر اس کی تاریکی کا ماتم کرنا شروع کر دیتے ہیں تو کیا اس گریہ زاری سے تاریکی مٹ جائے گی؟ نہیں، اندھیرا مٹانا چاہتے ہو تو دیا سلائی جلاؤ۔ جھٹ سے روشنی ہو جائے گی۔ زندگی بھر یہ گریہ زاری کرتے رہو کچھ نہیں بنے گا افسوس! صد افسوس! میں نے بدی کر دی۔ میں نے من مانی غلطیاں کی ہیں۔ ایسا سوچنے سے کیا بنے گا؟ روشنی جلاؤ اور دیکھو؟ ایک دم اُجالا ہو جائے گا۔ اپنی سیرت بناؤ۔ اپنا اخلاق تعمیر کرو! اور اپنی اصل کیفیت کو آشکار کرو۔ اور دیکھو کہ آپ کی اصل کیفیت کیا ہے جگمگاتی روشنی، نورِ ازلی روحِ پاک، ابدی طہارت جسے بھی دیکھو ایسا ہی سمجھو اسی جگمگاتی روشنی، نورِ ازل روحِ پاک اور ابدی طہارت کو ہی دیکھو۔ اور اسے ہی پکارو۔

تعمیرِ شخصیت

آپ دیکھ رہے ہو کہ ہمارے اردگرد کیا کچھ ہو رہا ہے۔ یہ دنیا دراصل ایک تاثر ہے ہماری قوت کا کچھ حصہ تو اپنے جسموں کو برقرار رکھنے کی نذر ہو جاتا ہے۔ جو باقی بچتا ہے، اس قوت کا ہر حصہ شام و سحر دوسروں کو متاثر کرنے میں صرف ہو جاتا ہے۔ ہمارے جسم، ہماری خوبیاں، ہماری فہم و فراست، عقل و دانش اور روحانیت ہماری یہ سب چیزیں دوسروں کو متاثر کرنے پر ہی صرف ہو رہی ہیں اور اسی طرح ہم اُلٹا دوسروں سے بہم متاثر ہوتے چلے جاتے ہیں۔ ہمارے اردگرد یہی کچھ ہو رہا ہے آیئے ایک ٹھوس شال لے لیں۔ ایک آدمی آپ کے سامنے آیا ہے، آپ جانتے ہیں کہ وہ بہت دانا اور بینا، عالم اور فاضل ہے۔ اس کی زبان بہت شگفتہ ہے چاہے تو گھنٹوں بول سکتا ہے لیکن وہ آپ کے دِل و دماغ پر کوئی خاص اثر پیدا نہیں کر پاتا۔ تب ایک دوسرا انسان آتا ہے وہ بہت کم بولتا ہے اور اس کے الفاظ ٹوٹے پھوٹے اور بے قرینہ اور شاید صرف و نحو کے اعتبار سے غلط بھی ہوتے ہیں لیکن ان سب باتوں کے باوجود وہ آپ کے دل و دماغ پر بہت گہرا اثر پیدا کرتا ہے۔ آپ میں سے اکثر نے ایسا دیکھا ہوگا۔ ظاہر ہے کہ صرف الفاظ ہی تاثر پیدا نہیں کرتے۔ الفاظ اور خیالات صرف ایک تہائی تاثر پیدا کر سکتے ہیں۔ دو تہائی تاثر تو انسان پیدا کرتا ہے۔ وہ انسان جسے آپ شخصی مقناطیسیت اور شخصی کشش کہتے ہیں، وہ آگے بڑھ کر آپ کے دل و دماغ پر تاثر پیدا کر دیتی ہے۔

مشاہیرِ عالم کو لے لیجیے۔ ہم ہمیشہ دیکھتے چلے آتے ہیں کہ یہ ان انسانوں کی جادوئی شخصیت تھی جس کا بول بالا ہوا۔ عہدِ ماضی کے تمام عظیم مصنفوں کو اور عظیم مفکروں کو لے لیجیے سچ یہ ہے کہ انہوں نے کس قدر حقیقی اور دیرپا خیالات سوچے؟ اسی طرح عہدِ سلف کے تمام بڑے بڑے لیڈروں نے ہمارے سامنے جو کتابیں

لکھیں، انہیں دیکھ لیجئے۔ ان کی ایک ایک کتاب کو لے لیجئے اور ان کا وزن کر دیکھیں۔ وہ حقیقی اور اصلی خیالات جو اس دُنیا میں اب تک سوچے گئے ہیں محدود ے چند، ہیں۔ ان کے وہ خیالات پڑھ لیجئے جو انہوں نے کتابوں میں لکھے ہیں۔ ان کے مصنفین ہماری نگاہوں میں غیر معمولی طور پر عظیم نظر نہیں آتے لیکن ہم یہ بھول جاتے ہیں کہ اپنے عہد میں لاجواب انسان تھے۔ کس بات نے انہیں عظیم المرتبہ بنایا؟ محض ان خیالوں نے نہیں، جو انہوں نے سوچے۔ نہ ہی ان تقریروں نے، جو انہوں نے کیں۔ نہ ہی ان کتابوں نے جو انہوں نے لکھیں۔ وہ کوئی اور چیز تھی جس نے انہیں غیر معمولی طور پر عظیم بنایا، وہ چیز اب نابود ہو چکی ہے وہ تھی ان کی شخصیت جیسا کہ میں پہلے کہہ چکا ہوں انسان کی شخصیت دو تہائی ہوتی ہے اور اس کے الفاظ اور اس کی عقل و دانش صرف ایک تہائی ہوتی ہے۔ یہ انسان کی اصل حقیقت، انسان کی اصل شخصیت ہوتی ہے جو ہم پر اثر پیدا کرتی ہے۔ ہمارے افعال کیا ہیں محض تاثرات جب انسان زندہ ہو تو افعال لازمی طور پر سرزد ہوں گے کیونکہ علت سے فعل ہونا لازم و ملزوم ہے۔ ساری تعلیم، ساری تربیت کا نصب العین، آدرش، انسان سازی ہونا چاہیئے۔ لیکن اس کی بجائے ہم ہمیشہ باہر کو چمکانے کی کوشش کرتے رہتے ہیں اگر اندر ہی کچھ نہیں تو باہر کو چمکانے سے کیا حاصل ہوگا؟ ساری تربیت کا مقصد اور انجام یہ ہے کہ انسان ترقی کرے، پھلے پھولے، ایک ایسا انسان بنے جو دوسروں کو متاثر کر سکے، جو دوسروں پر اپنا جادو ڈال سکے۔ ایسا انسان ایک بجلی گھر ہوتا ہے جو دوسروں کو متاثر کرتا رہتا ہے۔ جب انسان اس طرح بن جاتا ہے تو وہ جو چاہے کر سکتا ہے ایسی شخصیت جس شے پر پڑے گی، وہ یہ شئے حرکت کرنے لگ جائے گی۔

اگرچہ مندرجہ بالا بات ایک مسلمہ حقیقت ہے لیکن کوئی بھی فطری قاعدہ قانون، جو ہم دیکھتے ہیں، اس کی وضاحت اور تشریح نہیں کر سکتا ہے۔ ہم اس حقیقت کو کیمیائی اور جسمانی علم کے ذریعے کیسے بیان کر سکتے ہیں؟ کتنی اوکسیجن (oxygen) کتنی ہائیڈروجن (hydrogen) کتنی کاربن carbon کتنے ذرّوں، کتنے مساموں سے یہ شخصیت بنی؟ کیا اس طرح کہیں ہم کسی شخصیت کی تعریف کر سکتے ہیں؟ لیکن اس کے باوجود ہم شخصیت کو دیکھتے ہیں، یہ ایک ٹھوس حقیقت ہے اور صرف یہی نہیں، یہی شخصیت حقیقی انسان ہوتی ہے اور یہی حقیقی انسان زندہ رہتا ہے، حرکت کرتا ہے۔ کام کرتا ہے، دوسروں کو متاثر کرتا ہے اپنے ساتھیوں کو حرکت دیتا ہے اور پھر مر جاتا ہے۔ اس کی علم و دانش بھری باتیں اور کتابیں کیا ہیں؟ ایسے چند نقوش جنہیں وہ باقی چھوڑ جاتا ہے اس حقیقت پر غور کرو۔ مذہب کے بڑے بڑے رہبروں اور رہنماؤں کا مقابلہ بڑے بڑے فلاسفروں سے کرو۔ فلاسفروں نے شاید ہی کسی کے اندر کے اصل انسان کو متاثر کیا ہو۔ لیکن اس کے باوجود انہوں نے کمال کی کتابیں لکھ ڈالیں۔ دوسری طرف مذہبی رہنما ہیں، جنہوں نے اپنی زندگی میں ملکوں اور مملکتوں کو ہلا کر رکھ دیا۔ یہ فرق و امتیاز شخصیت نے پیدا کیا۔ فلاسفروں میں وہ شخصیت دھیمی سی ہوتی ہے۔

جو متاثر کرتی ہے۔ پیغمبروں میں یہ شخصیت بے پناہ ہوتی ہے۔ فلاسفروں میں ہم صرف عقل و دانش کو دیکھتے ہیں لیکن موخرالذکر (مذہبی پیغمبروں) میں ہم حقیقی زندگی کو چھوتے ہیں۔ ایک حالت میں یہ ایک کیمیائی تجربہ سا ہوتا ہے جیسے چند کیمیائی اشیا کو اکٹھا کر ملا دیا جائے۔ آہستہ آہستہ محض سازگار حالات میں، شاید روشنی کی ایک شعاع پیدا ہو جائے یا ممکن ہے کہ تجربہ ہی ناکام رہ جائے۔ لیکن دوسری طرف یہ ایک ٹارچ اور بیٹری ہوتی ہے، جس سے جھٹ دوسروں کو روشنی ملنے لگ جاتی ہے۔ یوگ ودیا دعوے کرتی ہے کہ اس نے ایسے قاعدے، قانون دریافت کیے ہیں جن سے شخصیت بنائی جا سکتی ہے اور ان قوانین و ضوابط پر پوری توجہ دیکر ہر ایک شخص اپنی شخصیت کی نشو ونما کر سکتا ہے، اسکو مضبوط و توانا بنا سکتا ہے۔ یہ نہایت اہم عملی حقیقتوں میں میں سے ایک حقیقت ہے اور یہی تمام تعلیم کا ماحصل ہے یہ کل عالم پر حاوی ہونے والی حقیقت ہے۔ گھر گرہستی کی زندگی میں۔ امیر اور فقیر کی زندگی میں، شاہ و گدا کی زندگی میں کسی کی زندگی میں سب سے اہم بات یہی ہے کہ شخصیت کو مضبوط و توانا بنایا جائے۔ جیسا کہ ہمیں پتہ ہے، ایسے قوانین، اچھے قوانین ہیں جو مادی قوانین کے پیچھے کارفرما ہوتے ہیں۔ لیکن، مادی، ذہنی اور روحانی دنیاؤں میں، براکٹک مانک اور ادھیاتمک مکت میں ایسی حقیقتیں نہیں ہوتیں۔ یہاں تو روح کے اوپر پڑے ہوئے غلافوں کو اُتارنا اور روح کو لطیف تر بنانا ہے۔ جہاں کہیں اس پر زیادہ موٹا پردہ ہوگا وہاں ان پردوں کو تحلیل کرنے یا اُتارنے کی زیادہ ضرورت ہوگی۔ ستھول کو سوکھشم بنانا ہے۔ لطیف ترین، سب سے زیادہ سوکھشم روح ہے۔ سب سے زیادہ کثیف اور ستھول جسم ہے یہی نہیں جو کچھ اس براہمنڈ میں ہے وہی پنڈ میں ہے یہی کیفیت کل کائنات کی ہے سنسار کی ہے۔ اسے اتنا لطیف بنانا ہوگا کہ یہ ایشور بن جائے۔

ہم جانتے ہیں کہ عظیم ترین طاقت لطیف شے میں ہے کثیف میں نہیں آپ نے کسی آدمی کو بھاری بوجھ اٹھاتے دیکھا ہوگا۔ اس کا سارا جسم مشقت کرتا ہے لیکن یہ اس کے پٹھے ہوتے ہیں جو بہت مضبوط ہوتے ہیں، وبوجھ اٹھا ہیں یہ لیکن دھاگے کی طرح پتلی نسیں اور رگیں ہوتی ہیں جو طاقت کو پٹھوں تک لے جاتی ہیں۔ ان چھوٹی سی باریک سی نسوں اور رگوں میں سے کسی ایک کو کاٹ دیں۔ یہ پٹھے کام نہیں کرینگے۔ جس طرح پٹھوں کو طاقت رگیں اور نسیں پہنچاتی ہیں، اسی طرح نسوں اور رگوں کو طاقت اور بھی لطیف مخزن یعنی خیالات سے ملتی ہے۔ اس سے صاف ظاہر ہے کہ لطیف شے ہی طاقت کا خزانہ اور سرچشمہ ہے۔ حالانکہ حرکت ہم کثیف سی ہی دیکھ سکتے ہیں)۔ لیکن جب لطیف حرکتیں ہوتی ہیں۔ ہم انہیں نہیں دیکھ سکتے۔ کوئی جسیم چیز حرکت کرے۔ ہم دیکھنے لگ جاتے ہیں اور اس طرح ہم حرکت ا[illegible]نسبت کثیف چیزوں سے کر دیتے ہیں۔ لطیف چیزوں کی حرکات کو تو ہم دیکھ ہی نہیں سکتے، شاید اس لئے کہ یہ حرکات اس قدر شدید ہوتی ہیں کہ ہماری آنکھ ان کا مشاہدہ کر ہی نہیں سکتی لیکن اگر کہیں سائنس یا کسی تجربہ اور نئی کھوج

کی بدولت ہم ان لطیف قوتوں کو دیکھنے لگ جائیں جو گویائی کا سرچشمہ ہیں تو ہماری قوت گویائی ان کی تعریف کرنے میں بے بس اور بے زبان ہو کر رہ جائے گی جھیل کی پہنائیوں سے اُٹھ رہے چھوٹے سے بلبلہ کو ہم اس وقت تک نہیں دیکھ سکتے جب تک یہ سطح آب پر پہنچ کر پھٹ نہیں جاتا یہی کیفیت خیالات کی ہے۔ ہم ان کی طاقت کا اس وقت تک کوئی اندازہ نہیں لگا سکتے۔ اور نہ خیالوں کی قوت کو محسوس کر سکتے ہیں تاوقتیکہ وہ کافی حد تک پنپ نہ جائیں یا وہ اعمال و افعال کی صورت اختیار نہ کرلیں۔ ہم ہمیشہ ہمیشہ یہی شکوہ شکایت کرتے ہیں کہ نہ ہمیں اپنے اعمال و افعال پر قابو ہے نہ اپنے خیالات اور افکار پر۔ ہو بھی کیسے؟ ان پر قابو تبھی پایا جا سکتا ہے اگر ہم لطیف حرکات پر قابو پا سکیں۔ اگر ہم خیال کو اس سے پہلے کہ وہ عمل کی صورت اختیار کرے، اسے پکڑ سکیں تب ہم سب کچھ قابو میں کر سکتے ہیں۔ اگر ہمیں کوئی ایسا طریقہ آتا ہو جس سے ہم لطیف قوتوں اور لطیف حرکات کی تحقیقات کر سکیں۔ ان کی جانچ پڑتال کر سکیں۔ اور ان قوتوں کو مطیع کر سکیں صرف اسی صورت میں ہم اپنے آپ پر قابو پا سکتے ہیں۔ ایک انسان جس نے اپنے من پر قابو پا لیا ہو یقینی طور پر دوسرے دلوں پر قابو پا سکتا ہے۔ یہی وجہ ہے کہ مذہب کا نشان ہمیشہ ایثار نفسی اور نفس کشی، نیکوکاری اور حسن عمل رہا ہے۔ کیونکہ ایک صاف، نیکوکار، پارسا انسان اپنے اُوپر قابو رکھ سکتا ہے۔ اور تمام دل ایک سے ہیں۔ ایک بڑی آتما پرآتما کے حصے ہیں جس کسی نے مٹی کے بنے ہوئے ایک ڈھیلے کی حقیقت کو جان لیا اس نے گویا دُنیا بھر کی مٹی کو پہچان لیا۔ وہ جو اپنے من کو جانتا ہے اور اسے قابو میں رکھتا ہے دوسرے دلوں پر قابو پانے کا راز بھی جانتا ہے۔ اور ہر ایک دل کے اُوپر طاقت و قدرت رکھتا ہے۔

ہر انسان اپنے بچپن میں ایسے مراحل سے گذرتا ہے جن مرحلوں سے اس کی ساری نسل گذری ہے نسل نے ان مرحلوں میں سے گذرنے پر ہزاروں لاکھوں برس لگا دیئے جبکہ بچے نے انہیں چند برسوں میں ہی طے کر لیا بچہ ایک قدیم بے رحم جنگلی جیسا ہوتا ہے جو تتلیوں کو اپنے پاؤں تلے مسل دیتا ہے کیونکہ وہ شروع میں اپنی نسل کے قدیم ترین آباؤ اجداد کی طرح بیباک ہوتا ہے آہستہ آہستہ وہ بڑھتا ہے پھلتا پھولتا ہے، مختلف مراحل میں سے گذرتا چلا جاتا۔ حتیٰ کہ وہ اپنی نسل کے نکتہ عروج تک پہنچ جاتا ہے۔ فرق صرف اتنا ہے۔ وہ اُن مراحل کو بہت عجلت و سُرعت کے ساتھ طے کر لیتا ہے۔ ساری انسانی نسل کو لے لیں یا پھر انسانوں، حیوانوں، کیڑے مکوڑوں، سب پر مشتمل دُنیا کو لے لیں۔ کُل کائنات جس طرف جا رہی ہے، اس کا ایک مکمل انجام ہے۔ جسے نکتہ کاملیت کہا جاتا ہے۔ محض ایسے مرد اور ایسی عورتیں پیدا ہوتی ہیں جو بنی نوع انسان کی ساری ترقی کی پیش دستی کر لیتی ہیں۔ انتظار کرنے اور مدتوں اس وقت تک جب ساری انسانی نسل درجہ کمال تک نہ پہنچ جائے، بار بار جنم لینے کی بجائے اپنی زندگی کے چند مختصر سے برسوں میں ہی وہ تیزی کے ساتھ ان تمام مرحلوں میں سے گذر جاتے ہیں۔ ایسا ہم نے

اپنی آنکھوں سے دیکھا ہے اور اگر ہم میں حق و دینا ہو تو ان ترقیوں کو جلدی حاصل کر سکتے ہیں. اگر چند انسانوں کو جو کسی تہذیب سے بہرہ ور نہ ہوں، ایک دور افتادہ جزیرہ پر زندگی بسر کرنے کے لئے چھوڑ دیا جائے اور انہیں فرش روٹی، کپڑا اور سر چھپانے کو جگہ دیدی جائے، تو وہ رفتہ رفتہ انسانیت اور تمدن کی لحاظ سے اعلےٰ منزلوں کو حاصل کرنے میں جُٹ جائیں گے. ہم یہ بات اچھی طرح جانتے ہیں کہ اس ترقی اور نشوونما کو مزید سامان و لوازمات سے تیز تر کیا جا سکتا ہے ہم درختوں کو جلدی نشوونما کرنے میں سامان مہیا کرتے ہیں یا نہیں؟ نظامِ قدرت پر چھوڑ دینے سے بھی یہ ترقی کر لیتے، لیکن اس طرح انہیں بہت لمبا عرصہ لگتا۔ لیکن ہم ان کی مدد کرتے ہیں تاکہ وہ عام وقت سے پہلے، جلدی نشوونما پائیں. ہم ہر وقت یہی کام کرتے رہتے ہیں یعنی مصنوعی محرکات اور لوازمات سے دوسروں کی نشوونما تیز تر کرتے رہتے ہیں. ہم چاہیں تو یہ کام بطور نسل بھی کر سکتے ہیں دوسرے ملکوں میں استادوں کو کیوں بھیجا جاتا ہے؟ تاکہ ہم اس طریقہ سے ان نسلوں کی ترقی و نشوونما کو تیز تر کر سکیں. کیا ہم اس طرح افراد کی نشوونما کو بڑھاوا نہیں دے سکتے؟ بلا شبہ ہم دے سکتے ہیں کیا اس سریع رفتاری اور ترقی کی کوئی حد و قید مقرر کی جا سکتی ہے؟ نہیں. ہم نہیں کہہ سکتے کہ ایک انسان اپنی زندگی میں کس قدر ترقی حاصل کر سکے گا کوئی وجہ نہیں کہ ہم یہ کہہ سکیں کہ اتنے عرصہ میں فلاں انسان اتنا کچھ ہی سیکھ سکے گا اور اس سے آگے ترقی نہیں کر پائے گا؟ ساز گار و موافق حالات کی مدد سے یہ انسان حیرت انگیز ترقی کر سکتا ہے. کیا درجۂ کمال تک پہنچنے تک کوئی حد و قید لگائی جا سکتی ہے؟ اس سے کیا نتیجہ حاصل ہوگا؟ ایک مردِ کامل، جو اس نسل میں مدتوں کے بعد، شاید کروڑوں برسوں کے بعد پیدا ہونا تھا، ایسا مردِ کامل آج بھی پیدا ہو سکتا ہے۔

تمام بڑے بڑے اوتار، اولیاؔ اور پیغمبر ایسے ہی کامل انسان تھے، اُنہوں نے درجۂ کمال ایک ہی زندگی میں حاصل کر لیا. دنیا کی تاریخ کے ہر دور میں، ہر ملک میں، ہر نسل میں ایسے کامل انسان آتے رہے ہیں حال ہی میں ایک ایسا ہی مردِ کامل زندہ تھا جس نے ساری نسلِ انسانی کی زندگی پر عبور پا لیا اور اپنی اسی زندگی میں معراجِ حیات ــــ درجۂ کمال کو ــــ حاصل کر لیا تھا۔

قاعدے قانون لیکن نشوونما کو تیز تر کرنے کا عمل بھی تو محض قواعد و ضوابط کے ماتحت ہوتا ہے. فرض کیجئے کہ ہم اس قاعدے قانون کی کھوج کرتے ہیں اور ان رازوں کو جان لیتے ہیں اور ان کا اطلاق اپنی ضرورتوں پر کرتے ہیں. اس کا لازمی نتیجہ یہ نکلے گا کہ ہم ترقی کر جائیں گے. ہماری نشوونما سُرعت پذیر ہو گی ۔ ہماری ترقی تیز تر ہو جائے گی اور ہم اسی زندگی میں کامل انسان بن جائیں گے. یہ ہماری زندگی اور دلوں کی ترقی کے علم کا اعلےٰ ترین مقصد ہے. اس علم کا مقصد یہی ہے کہ دل کی قوتوں کا مطالعہ کیا جائے اور ان میں کمال پیدا کیا جائے۔

اس سائنس اور اس علم کا فائدہ تو اسی بات میں مضمر ہے کہ ایک مرد کامل پیدا کیا جائے، اور کسے نہ مدتوں تک انتظار کرنا پڑے اور نہ ہی مادی دنیا کے ہاتھوں میں آلہ کار بنکر ٹھوکریں کھانا پڑے یا اس بحر بیکراں میں لکڑی کے ایک تختہ کی طرح غضبناک موجوں کے تھپیڑے سہنے پڑیں۔ سائنس مطالبہ کرتی ہے اور علم یہ تقاضا کرتا ہے کہ آپ مضبوط بنیں۔ اپنے کام کو خود اپنے ہاتھوں سے انجام دیں اور اسے کسی دوسرے کے رحم و کرم پر نہ چھوڑیں اور نہ ہی اس کی تکمیل کسی دوسری زندگی کے لئے انتظار کھیں ۔

اُستاد اور شاگرد

تعلیم کے متعلق میرا نظریہ ہے "گورو گرہیہ واس"۔ اُستاد اور مدرس کی ذاتی زندگی کے بغیر کوئی تعلیم ممکن نہیں ہو سکتی۔ ضرورت اس امر کی ہے کہ انسان بچپن سے ہی ایک ایسے نیک نام اور باسیرت انسان کے ساتھ رہے جس کی فطرت اور جس کا کردار شعلہ زن، بھڑکتی ہوئی آگ کی مانند ہو۔ انسان کے سامنے اعلیٰ ترین تعلیم و تربیت کی جیتی جاگتی تصویر رہنی چاہئے ۔ ہمارے مُلک میں تعلیم و تدریس کا کام شروع سے ہی نفس کُش اور تارک الدُنیا انسانوں کے سپرد تھا۔ ضرورت ہے کہ تعلیم و تربیت دینے کا کام ایک بار پھر تیاگیوں کے کندھوں پر ڈال دیا جائے۔

ہندوستان میں قدیم طریقۂ تعلیم جدید طریقہ سے بالکل مختلف تھا۔ اس وقت طلبا کو کچھ دینا نہیں پڑتا تھا۔ نظریہ یہ تھا کہ علم و حکمت اس قدر مقدس ہے کہ کسی انسان کو اُسے بیچنا نہیں چاہئے۔ علم و حکمت کی دولت مُفت، اور بے قیمت دی جانی چاہئے۔ اُستاد یا گورو شاگردوں کو مُفت پڑھایا کرتے تھے۔ یہی نہیں بلکہ اپنے شاگردوں کو روٹی کپڑا بھی مہیا کیا کرتے تھے۔ اُستادوں کی خاطر امیر گنبے نذرانے اور بھینٹ وغیرہ دیا کرتے تھے اور اس کے عوض یہ ان کے بچوں کو رکھا کرتے تھے۔ عہدِ قدیم کا شاگرد گورُو کے حجرہ اُس کے آشرم کی سیوا کیا کرتا، اپنے ہاتھوں سے ایندھن وغیرہ اُٹھا کر تا یا مویشیوں کی دیکھ بھال کرتا۔ گورو شاگرد اور چیلے کی استعداد اور صلاحیتوں کو دیکھ کر اُسے ویدوں کی تعلیم دیتا، اسکی کمر کے ساتھ تین ریشوں کی مُنج (ایک قسم کی گھاس) کی ڈوری اس بات کی نشاندہی کے لئے باندھ دیتا تھا کہ شاگرد اپنے مَن، بچن اور کرم سے پاک و صاف رہے گا۔

شاگرد اور اُستاد، دونوں کو بعض شرائط پوری کرنا لازمی ہے۔ شاگرد کے لئے لازم ہے کہ وہ نیک نفس اور پاک دامن ہو، تحصیلِ علم کی سچی جستجو رکھتا ہو اور ثابت قدم ہو۔ مَن بچن اور کرم سے اس کی نفس کشی انتہائی ضروری ہے۔ جہاں تک علم و حکمت حاصل کرنے کی سچی جستجو رکھنے کی بات ہے یہ ایک ازلی دستور حیات ہے کہ ہمیں وہی کچھ ملتا ہے جس کی ہمیں تلاش ہوتی ہے ہم جس شئے کو دل کی آرزوؤں کا مسکن بنا دیتے ہیں۔ اس کے سوا اور کچھ حاصل ہی نہیں کرتے۔ جب تک اعلیٰ درجہ کی خواہش پیدا نہیں ہوتی۔ اور ہمیں فتح و کامرانی نہیں مل جاتی، اِس وقت مسلسل جدو جہد کرنے، پیہم کشمکش جاری رکھنے اور اپنی ادنیٰ فطرت کے خلاف برسرِ پیکار رہنے کی اشد ضرورت ہے۔ وہ طالب علم جو اس ثابت قدمی سے تحصیلِ علم میں جُٹ جاتا ہے۔ بالآخر کامیابی اور کامرانی حاصل کر لیتا ہے۔

جہاں تک مدرس اور اُستاد کا تعلق ہے ہمیں اس بات کا اطمینان کر لینا چاہئے کہ وہ مقدس کتابوں کی رُوحِ تحریر سے بہرہ ور ہے۔ یوں تو ساری دُنیا بائیبل، ویدا اور قرآن پڑھتی ہے لیکن وہ صرف الفاظ، اُن کی نحوی ترکیب، علم زبان، اور فلسفہ کو پڑھتی ہے۔ حالانکہ یہ سب چیزیں روحِ تحریر نہیں، بلکہ مذہب کی خشک، سُوکھی ہوئی ہڈیاں ہیں۔ وہ اُستاد جو لفظوں پر بہت زیادہ زور دیتا ہے اور دل کو قوت الفاظ کے تیز و تند روانی میں بہا دیتا ہے، روحِ تحریر سے کورا اور خالی رہ جاتا ہے۔ صرف مذہبی کتابوں کی رُوحِ تحریر کا علم ہی کسی کو سچا اُستاد بناتی ہے۔

کہا جاتا ہے کہ ہمیں اُستاد کے کردار اور شخصیت کو جاننے کی کیا ضرورت ہے؟ یہ ایک غلط سی بات ہے ایسا جاننا اشد ضروری ہے کیونکہ جس کی بدولت انسان اپنا آپ جان سکتا ہے یا دوسرں کو سچائی اور پاکیزگی کی خدائی دولت دے سکتا ہے۔ وہ شئے ہے دل و دماغ، رُوح و قلب کی پاکیزگی اور نفس کُشی اس لیئے اُستاد کو لازمی طور پر نیک نفس اور پاک دامن ہونا چاہیئے۔ اس کے الفاظ میں ایثار نفسی سے ہی غفلت قیمت۔ وقعت اور تاثیر پیدا ہوگی۔ اُستاد کا کام محض شاگرد کی موجودہ دماغی یا دوسری صلاحیتوں کو تیز تر کرنا ہی نہیں ہوتا، بلکہ اپنے پلے سے کچھ دینا بھی ہوتا ہے۔ اُستاد کو اپنے اثرات سے طالب علم کو ایک حقیقی اور قابل قدر علم و دانش سے سرفراز کرنا ہوتا ہے اِس لیئے اُستاد کو پرہیزگار، نفس کُش اور نیک باطن ہونا چاہیئے۔

تیسری شرط نیت اور مقصدِ تعلیم کے متعلق ہے۔ اُستاد کو کسی درپردہ یا خود غرضانہ مقصد کے لئے یا دولت، شہرت اور عزّت کی خاطر تعلیم و تدریس نہیں کرنی چاہیئے۔ اس کا ہر کام خلوص و محبت، بنی نوعِ انسان کی بے لوث محبت کے سرچشمہ سے موجزن ہونا چاہیئے۔ وہ واحد طریقہ جس کے ذریعہ

رُوحانی قوت دوسرے کے قلب و جگر میں منتقل کی جاسکتی ہے۔ عشق و محبت ہے، ظاہر ہے کہ شہرت و عزت کا خود غرضانہ جذبہ اس محبت کو جڑ سے ہی قلم کر کے رکھ دے گا۔

شاگرد بننا آسان نہیں۔ ایسے طالب علم اور شاگرد کے لئے جو متلاشی حق ہو اوّلین شرط یہ ہے کہ وہ شہرت و دولت کی تمام آرزوؤں کو اپنے دل سے نکال باہر کرے۔ کیونکہ جب تک ہمارے دلوں میں کوئی نہ کوئی خواہشیں موجزن رہتی ہے، تب تک ہم حقیقت اور سچائی کا جالیاتی رُخ دیکھ ہی نہیں سکتے۔ جب تک دل کے کسی نہ کسی گوشے میں دُنیا کی ایک یا دوسری تمنا چٹکیاں لیتی رہتی ہے، تب تک سچائی نہیں ملے گی۔ یہی وجہ ہے کہ غریبوں کی نسبت امیر سچائی کو بہت کم سمجھ پاتے ہیں۔ امیر کو اتنی فرصت کہاں کہ وہ اپنی دولت و امارت، شان و شوکت، طاقت و حکومت نفس پرستی اور سامان عیش کے سوا کچھ اور سوچے۔ میں اس پر کبھی اعتبار نہیں کرتا جس کی آنکھیں کبھی نمناک نہ ہوئی ہوں۔ کیونکہ ایسا شخص اپنے سینہ میں دل نہیں پتھر کی بے حس سِل رکھتا ہے۔ یہی وجہ ہے کہ سچی خوشیاں اور حقیقی مسرت سے ہمکنار ہونے کے لئے، انسان کو ان دُنیاوی خواہشوں کو خیرباد کہنا ہوگا۔ اور سچائی کی اور صرف سچائی کی جستجو کرنی چاہیے۔ بے غرضی ہی زیادہ ثمرآور سودمند ہے، صرف انسان ہی اس کو مشعل عمل بنانے کا حوصلہ اور صبر نہیں رکھتے۔ صحت کے اعتبار سے بھی دیکھا جائے تو زیادہ مفید ہے۔ محبت، سچائی اور بے غرضی صرف کہنے کی ہی اخلاقی باتیں نہیں ہیں بلکہ فی الحقیقت وہ انتہائی بلند نصب العین اور آدرش ہے، کیونکہ یہ تمام قوتوں کی مخزن اور خزانہ ہیں۔ اندھا دُھند جو کچھ مَن میں آئے کر گزرنے کی بجائے برداشت اور ایثار نفس کہیں زیادہ طاقت ور ہے خود غرضی کے اندر نفس پرستی کے لئے خرچ کی گئی ہر قوت رائیگاں چلی جاتی ہے۔ برباد ہو جاتی ہے۔ اس کی بدولت قوت آپ کو واپس نہیں مل سکتی لیکن اگر اُسے ضبط میں رکھا جائے تو طاقت میں بے پناہ اضافہ ہو جائے گا خود ضبطی عظیم الشان قوت ارادی پیدا کرتی ہے ایک ایسے کردار اور ایک ایسی سیرت کو جنم دیتی ہے جو عیسےٰ اور بدھ بنا دیتی ہے۔

دوسری شرط یہ ہے کہ شاگرد لازمی طور پر اندرونی اور بیرونی قوتوں، حواس پر قابو پانے کی صلاحیت رکھتا ہو۔ مُسلسل اور کٹھن محنت، ریاضت اور طہارت سے اُسے اس مقام تک پہنچ جانا چاہیے جہاں سے وہ اپنے نفسیاتی اور قدرتی تقاضوں اور محرکات کے خلاف اپنے اعلیٰ ضمیر کی بات ملے اس میں اتنی ہمت اور طاقت ہونی چاہیے کہ اپنے مَن اور دل سے کہہ سکے کہ "تم میرے ہو، میں تمہیں حکم دیتا ہوں کہ تم کچھ بھی نہ سُنو، کچھ نہ بھی دیکھو"۔ اس کے بعد ہی مَن کی اُچھل کُود بند ہوتی ہے۔ سیمابی فطرت کا یہ پُتلا اِدھر اُدھر کی دَوڑ بھاگ میں ہلکان ہو رہا ہے۔ یہ سب کچھ مکروہ اور نفرت انگیز ہے۔ مَن ایسے دچار

ہی کیوں سوچتا ہے جنہیں میں سوچنا نہیں چاہتا۔ میں تو دل کا غلام بن کر رہ گیا۔ جب تک مَن بے چین اور بے قابو ہے، کوئی بھی شخص علم معرفت نہیں سیکھ سکتا۔ اِس لئے شاگرد کو لازم ہے کہ وہ مَن کو قابو کرنا سیکھے۔

اور پھر شاگرد میں بُردباری اور تحمل مزاجی ہونی چاہیئے۔ آپ سکھ چین کی زندگی بسر کر رہے ہوں، اور سب کچھ معمول کے مطابق ظہور پذیر ہو رہا ہو۔ آپ مسرتوں کے گہوارے میں جھول رہے ہوں لیکن جونہی ذرا گڑبڑ ہوئی۔ آپ کے دل و دماغ نے توازن کھو دیا۔ یہ کوئی اچھی بات تو نہیں۔ رنج و غم کو لبوں پر حرفِ شکایت لائے بغیر اور گلہ و شکوہ کیئے بغیر برداشت کرو۔ درد و کرب کو اپنے پاس نہ پھٹکنے دو۔ مزاحمت، علاج یا انتقام کی کیوں سوچتے ہو؟ سچا اور حقیقی تحمل مزاجی اور بُردباری تو یہی ہے۔ جب میرے ست گُورو اور پیرو مُرشد سری رام کرشن بیمار ہوئے، ایک برہمن نے اُن سے کہا کہ وہ اپنی آتمک شکتی رُوحانی قُوّت کو استعمال کر کے صحت یاب کیوں نہیں ہو جاتے۔ اس برہمن کا کہنا تھا کہ پرم ہنس جی کو اور کچھ کرنے کرانے کی ضرورت ہی کیا ہے، صرف اپنا دھیان اور اپنی توجہ جسم کے بیمار حصہ پر لگانا اور مرتکز کرنا ہے، بیماری مٹ جائے گی سری رام کرشن بولے "۔ کیا کہا آپ نے؟ جس مَن کو ایشور ارپن کر چکا ہوں، اُسے پھر سے اس حقیر جسم میں لاؤں؟" اُنہوں نے جسم اور بیماری کی بات تک سوچنے سے انکار کر دیا اُن کا مَن ہر وقت ایشور چنتن میں لگا رہتا تھا۔ دل و دماغ خدا کے ہی ذکر و فکر میں محو رہتا تھا۔ مکمل طور پر حوالۂ خدا کیا جا چکا تھا۔ وہ اُسے اور کسی مقصد کے لیئے استعمال ہی نہیں کرنا چاہیئے تھے اور پھر حضرت یسوعؑ مسیح کو ہی دیکھ لیجئے، جنہوں نے انھیں تختۂ دار پر لٹکایا اور سُولی پر چڑھایا، حضرت عیسٰےؑ نے ان پر بھی ترس و رحم کھایا۔ سب کا بوجھ اپنے ذمے لیتے ہوئے اُنہوں نے فرمایا میری پناہ میں آجاؤ۔ آپ سب جو محنت و مشقت کرتے ہیں اور بھاری بوجھ اٹھاتے مرے جا رہے ہو۔ میری شرن میں آجاؤ۔ میں تمہیں آرام و سکون دے دوں گا" یہ ہے سچا تحمل اور اعلیٰ ترین قوت برداشت حضرت یسوع مسیح اس زندگی سے کتنے بلند و بالا تھے، اتنے بلند اور بالا کہ ہم اس کا پُورا احساس تک بھی نہیں کر سکتے۔

شاگرد کے لیئے اگلی شرط یہ ہے کہ اس میں آزاد اور مُکت ہونے کی انتہائی شدید خواہش ہونی چاہیئے لیکن جیسے دیکھیئے۔ اس جسم و جان سے پرے کی کوئی خواہش و تمنا ہی نہیں رکھتا۔ یہ دُنیا کیا ہے؟ جسم و جنس کا مرکب اور اتحاد ہی تو ہے۔ کروڑہا مردوں اور عورتوں کو دیکھیئے وہ اسُی نفس پرستی میں غلطاں ہیں۔ جسم و جنس ان سے چھن جائے تو زندگی ان کے لئے سُونی، بے چین اور ناقابل برداشت بن کر رہ جائے۔ ایسے ہیں ہم۔ اور ایسا ہے ہمارا دل، یہ دن رات، ہر وقت جسم و جنس کی کبھی نہ مٹنے بجھنے والی بھوک اور تشنگی دُور کرنے کے ہی حیلے وسیلے سوچتا رہتا ہے۔ لیکن نفس پرستی، جسمانی خواہشات کی تکمیل سے صرف ایک عارضی

سی، مختصر سی راحت و تسکین ملتی ہے۔ حالانکہ ان کا انجام ہے، کبھی ختم ہونے والی آفت و اذیت۔ ایک مسلسل عذاب۔ یہ تو ایک ایسا جام پینے کے مترادف ہے جس کی سطح پر تو امرت ہو لیکن زیرِ سطح زہر ہو لیکن اس کے باوجود ہم ہر وقت ان کے ذکر و فکر میں ہی ہلکان ہوئے جاتے ہیں۔ خوابوں اور خواہشوں سے دست کشی اور نفس کُشی واحد ذریعہ ہے جس سے ہم آفت و عذاب سے بچ سکیں۔ یہی آپ کا مُنتہائے مقصود ہونا چاہیئے خواہشوں اور خوابوں کی اس دُنیا سے کنارہ کش ہو جاؤ۔

حقیقی طلب و آرزو صرف ایک ہے اور وہ ہے تلاشِ حق، رُوحانیت کو اثاثہ حیات بنالو تو کوئی مادہ پرستی، نفس پروری، یا خود ستائی باقی نہیں رہے گی۔ میں پرستارِ رُوحانیت بنوں گا۔ یہی آرزو اور یہی تمنا شدید اور مضبوط ہونی چاہیئے۔ اگر ایک انسان کی مُشکیں کس دی جائیں۔ اس کے ہاتھ پاؤں اس طرح باندھ دیئے جائیں کہ یہ جنبش تک نہ کرسکے۔ اس وقت اگر جلتا ہوا دُہکتا انگارہ اس کے جسم پر رکھ دیا جائے تو وہ اپنی تمام قوت کے ساتھ اُسے دُور ہٹانے کی تدبیر کرے گا۔ میں اسی طرح کی انتہائی شدید تمنا سے کب روشناس ہوں گا؟ اس جلتی ہوئی دُنیا کو دُور پھینک دینے والی بے قرار کشمکش اور جدّوجہد کب میرے دل میں موجزن ہوگی۔ جب تک یہ آرزو دل و جان میں نہیں بس جاتی۔ تب تک وہ مبارک گھڑی نہیں آئے گی۔ جب میں خُدائی حقیقت کی صُورت دیکھ سکوں گا۔

ہماری زندگیوں کا واحد مطلب و مقصد یہی ہونا چاہیئے کہ ہم عظیم ترین حقیقت سے روشناس ہو جائیں ہمارا مقصدِ حیات شاندار ترین بن جائے۔ آئیے ہم اِس آتما (رُوح)، میں اُس آتما کی پُوجا کریں۔ سچ تو یہ ہے، کہ بُنیادِ بندگی بھی ہو تو رُوح ہو۔ وسطی حصہ میں بھی آتما ہونی چاہیئے۔ اور بلندی اور معراج بھی آتما ہونی چاہیئے۔ آتما میں ہی دھیان لگائیے۔ یہی نصب العین ہونا چاہیئے۔ ہم جانتے ہیں کہ ہم اس مقام کو ابھی نہیں پا سکتے۔ لیکن کوئی مضائقہ نہیں، اُمید مت چھوڑو۔ ہمت ہار کر مت بیٹھو۔ اور نہ ہی اپنے مرکزِ تصور اور نصب العین کو پس پشت ہونے دو۔ اہم بات تو یہ ہے کہ آپ کتنا کم وقت اس سوچ و فکر میں کھوئے رہتے ہیں کہ آپ اور آپ کا یہ جسم مُردہ، بے جان اور بے روح مادّہ ہے اور کتنا زیادہ آپ کے دل و دماغ میں یہ خیال سمایا رہتا ہے کہ میں ایک جگمگاتی ہوئی امر آتما (لافنا رُوح) ہوں۔ جس قدر آپ کے دل و دماغ پر ایسے خیالات مُحیط و حاوی رہیں گے۔ آپ اتنی جلدی مکمل طور پر، مادہ، جسم اور حواسوں سے آزاد ہو جائیں گے۔ آزاد و مُکت ہونے کی یہی آرزو انتہائی شدید آرزو ہونی چاہیئے۔

یہ ہیں وہ شرطیں۔ جو ایک شاگرد کو پُوری کرنی چاہیئے۔ اُن کو پُورا کیئے بنا کوئی شخص ست گورو کے چرنوں تک، پیر و مُرشد کے قدموں تک نہیں پہنچ سکتا۔ اور اگر خوش قسمتی سے ایسا ست گورو مل بھی

جائے تو بھی گُورُو جو برتی رو اور ربّی قوت اُس کے اندر پھونکے گا، اس سے شاگرد متاثر نہیں ہو گا۔ ان شرطوں میں کمی بیشی یا رعائت کا کوئی سوال نہیں، ان شرطوں کو پُورا کرلینے سے ہی شاگرد کے دل کا کنول کھِلے گا اور تبھی اس پر منڈلانے کے لیئے بھنورا کھِچا چلا آئے گا۔ اسی وقت شاگرد کو یہ معلوم ہو گا کہ مُرشد اور گُورُو تو اس کے اندر ہی تھا۔ تب اس کے اندر نئی کائناتیں اور نئی دُنیائیں کھُل جاتی ہیں۔ وہ داصلِ حقیقت ہو جاتا ہے۔ انبھو کرلیتاہے۔ وہ زندگی کے تجربے کراں کو پھاند کر دُور پرے کی دُنیا میں پہنچ جاتا ہے۔ اور پھر رحم و کرم کرتا ہوا شہرت یا سُود زیاں کے متعلق تمام خیالوں سے اوپر اُٹھ کر دوسروں کو اس سنسار ساگر سے پار ہونے میں مدد دیتا ہے۔

اُستاد اور گُورُو کے ساتھ ہمارا رشتہ ناطہ ویسا ہی ہے جیسے جدِّ امجد اولاد کا جب تک ہمارے دِلوں میں اُستاد اور گُورُو کے لیۓ وشواس، اعتماد و اعتقاد، حلیمی اور انکساری، اطاعت اور فرمانبرداری، عزت اور تعظیم نہیں ہوگی، تب تک ہم کوئی ترقی نہیں کرسکتے۔ جن ممالک میں اس قسم کے رشتہ کو پسِ پُشت ڈال دیا گیا ہے، وہاں اُستاد محض ایک لیکچرار بن کر رہ جاتا ہے۔ اُستاد کی نظر میں حقِ خدمت اور تنخواہ کے روپیوں پر رہتی ہے اور شاگرد چند پیسے دے کر چاہتا ہے کہ اس کے دل و دماغ میں دُنیا بھر کے علم بھر دیئے جائیں۔ اُستاد روپے اور شاگرد چند الفاظ لے کر اپنی اپنی راہ لگتے ہیں لیکن اس حقیقت کو فراموش مت کیجیئے کہ کسی شخصیت پر بے حد وشواس کمزوری اور بُت پرستی ہوتی ہے۔ اپنے گُورُو کو ایشور اور خدا سمجھ کر اس کی پرستش اور پُوجا کیجیئے، لیکن اندھ وشواسی نہ بن جایئے، ہزار دل سے اللہ سے محبت کیجیئے لیکن اپنی سوچ و فکر کے کواڑ بند نہ کردیجیئے۔ انہیں کھُلا رہنے دیجیئے۔

اُستاد کو اپنی پوری قوت شاگرد کے میلانِ طبیعت پر لگا دینی چاہیئے۔ دِلی ہمدردی کے بنا، ہم اچھی طرح نہ پڑھا سکتے ہیں اور نہ پڑھ سکتے ہیں کسی انسان کے اعتقاد اور وشواس کو درہم برہم نہ کیجیئے۔ آپ میں ہمت اور توفیق ہو تو اسے کچھ بہتر شئے دیجیئے لیکن جو کچھ پہلے ہی اس کے پاس موجود ہے اُسے تباہ و برباد نہ کیجیئے۔ سچا اُستاد وہی ہے۔ جو ایک لمحہ کے اندر اندر اپنے آپ کو ہزار شخصیتوں میں ڈھال لیتا ہے۔ سچا اُستاد وہی ہے جو اپنے آپ کو شاگرد کی سطح پر لے آتا ہے۔ اپنی رُوح کو شاگرد کی رُوح میں منتقل کر دیتا ہے۔ اور اس کے دل و دماغ کی کیفیتوں سے ہمکنار ہو جاتا ہے۔ صرف ایسا اُستاد ہی حقیقی معنوں میں تعلیم دے سکتا ہے۔ دوسرا کوئی یہ کام نہیں کرسکتا۔

مذہبی تعلیم

تعلیم کا حقیقی لب لباب اور حقیقی مقصد دین و مذہب ہے۔ مذہب سے میری مُراد یہ نہیں کہ میں یا آپ مذہب کے متعلق کیا فکر و نظر رکھتے ہیں۔ ضرورت اس امر کی ہے کہ لوگوں کے سامنے حقیقی اور ابدی اُصول رکھے جائیں۔ سب سے پہلے ہمیں بڑے بڑے سنتوں، درویشوں اور خدا رسیدہ انسانوں کی تعظیم و پرستش شروع کرنی چاہیے۔ وہ عظیم المرتبہ روحیں، وہ مہاپرش، جنہوں نے ان ابدی سچائیوں کو پا لیا تھا جیسے کہ شری رام چندر، شری کرشن، مہاویر، ہنومان پرم ہنس رام کرشن تھے، ہمیں لوگوں کے سامنے پیش کرنے ہیں۔ تاکہ لوگ ان کے نقشِ قدم پر چل سکیں۔ اور ان کی تقلید کر سکیں۔ بھگوان کرشن کی سوانح حیات کے ورندابن کے باب کو سرِدست بالائے طاق رکھ دیجئے اور صرف ایسے بھگوان کرشن کی پُوجا، پرستش کو قرب و جوار میں پھیلا دیجئے، جو گیتا میں شیر کی طرح گرج رہے ہیں اور اپنی روزمرہ کی زندگی کو شکتی رشی دیوی ماں کو جو سب طاقت قوت کا سرچشمہ ہے کی پُوجا کے سانچے میں ڈھال دیجئے۔ آج ہمیں سب سے زیادہ ضرورت ایک ایسے آدرش ہیرو کی ہے جس میں رجس کی بے پناہ شکتی ہو، ایسے سراپا، جس کے جسم کی رگ رگ اور نس نس میں جوش، ہمت کے چشمے پھوٹ رہے ہوں۔ ایک ایسے ہیرو کی جو تلاشِ حق کی خاطر جان تک کی بازی لگا دینے کی ہمت رکھتا ہو، ایک ایسے ہیرو کی جس کا زرہ بکتر نفس کشی اور تیاگ ہو۔ اور جس کی تلوار حکمت و دانش، فہم و فراست کی ہو۔ اس وقت ہمیں ضرورت ایسے ہیرو، شور بیر اور مردِ شجاعت کی ہے جو زرہ بکتر پہنے میدان جنگ میں اُتر چکا ہو۔

ہنومان کو اپنا آدرش اور اپنا نصب العین بنایئے۔ شری رام چند کے حکم کی تعمیل میں وہ سمندروں کو چیرتے چلے گئے۔ انہیں اپنی زندگی یا موت کا کوئی خیال تک نہیں تھا۔ انہیں اپنی خواہشوں اور خوابوں پر

مکمل تابُو حاصِل تھا۔ اور بے حد زیرک اور کمال کے صاحب عقل و ہوش تھے اس آدرش کی بدولت دوسرے لطلے ارفع خیالات اور بلند مقاصد زندگی میں اوجاگر ہونے شروع ہوجائیں گے گورو کی غیر مشروط اور بے حیل وحجت فرمانبرداری اور برہمچریہ پر سختی کے ساتھ پابندی ـــ ان دونوں باتوں میں کامیابی کی کُنجی ہے۔ ہنومان جہاں سیوا اور خدمت کی علمبرداری کرتے ہیں وہاں وہ ایسی شیر ہمتی اور ہمت و شجاعت کے پرچم بردار بھی ہیں جس سے دُنیا مین تہلکہ سا مچ گیا۔ بھگوان رام کی سیوا کی خاطر انہیں جان تک کھیل جانے میں بھی عار نہیں تھی۔ بھگوان رام کی خدمت و اطاعت کے سوا دوسری ہر بات سے وہ بیگانہ اور غیر آشنا تھے! انہوں نے قسم کھا رکھی تھی کہ میں بھگوان رام کی ہی آگیا پالن کروں گا۔ ان کی زندگی وقفِ رام تھی۔ ہمیں بھی ایسی ہی عقیدت، بندگی، بھگتی اور ریاضت کی ضرورت ہے۔

اس مرحلہ پر ہمیں بھگوان کرشن کی گوپیوں کے ساتھ لیلا کو یاد کرنے کی کوئی ضرورت نہیں محض بانسری بجانے یا ایسے دوسرے کام کرنے سے ملک و قوم کی مُردہ رگوں میں حیات نو نہیں پھونکی جا سکتی۔ ہاتھوں میں کھڑتالیں لیکر، گلے میں ڈھولک لٹکا کر کیرتن کے وجد و کیف میں ناچنے سے ساری قوم ذلیل و خوار ہو کر رہ گئی۔ بلند ترین زہدُ تقویٰ اور سب اونچی ریاضت اور عبادت، جس کے لئے شرطِ اوّلین مکمل پرہیزگاری، نفس کشی اور صفائی باطن ہے۔ کی نقل اُتارتے ہوئے یہ لوگ تمرانِ ھکار گہرے تامس یعنی بدترین نفس پروری کا شکار بن کر رہ گئے ہیں۔ کیا ہمارے دیش میں نقّارے اور ڈھول نہیں بنتے؟ کیا یہ نقارے اور ڈھول ہمیں نہیں مل سکتے؟ اپنے بچّوں کو ان چنگ و رباب کی آوازوں میں گم مت ہونے دیجئے، بلکہ انہیں طبل و نقارے کی رُوح پرور آوازوں سے مانوس ہونے دیجئے۔ بچپن سے ہی ایسے زنانہ سازوں کی موسیقی سُننے کی وجہ سے یہ ملک ہیجڑوں اور عورتوں کا مُلک بن کر رہ گیا ہے لیکن وقت آگیا ہے کہ ڈمرو اور ڈھول، طبل و نقارہ پر چوٹ لگا کر دلوں میں جوش اور ولولہ بھر دینے والے رزمیہ نغموں کو چھیڑا جائے۔ اور مہاویر، مہاویر، کہتے ہوئے ہم ہر ہر مہادیو کے ایسے فلک شگاف نعرے لگائیں کہ در و دیوار تک گونج اٹھیں۔ اس سنگیت اور موسیقی کو کچھ وقت کے لئے بند کر دیجئے جسے سُن کر کمزوری اور بُزدلی جاگے۔ ضرورت اِس امر ہے کہ ہماری لوگ دھرد پد راگ، رزمیہ موسیقی کے عادی بن جائیں۔

ہمیں مقدس وید منتروں کے ہنگامہ خیز نغموں کے ذریعہ ملک کے طول و عرض میں ایک بار پھر زندگی پھونکنی ہے ہمیں اپنی ایک بات میں شیر دلی اور مردانگی، سختی اور توانائی پیدا کرنی ہوگی۔ اگر آپ اس آدرش کو نصب العین بنا کر اپنے کردار اور اپنی سیرت کی تعمیر کر اسکیں تو ہزاروں آپ کے نقشِ قدم پر چلنے کو تیار ہو جائیں گے لیکن یہ بات ملحوظ نگاہ رہنی چاہیئے کہ آپ اپنے آدرش کی راہ سے ایک انچ بھی اِدھر اُدھر نہ ہونے پائیں

آپ کے قدموں میں کسی وقت بھی لغزش نہیں آنی چاہیئے اور نہ ہی دل میں شکستہ پائی کا احساس آنا چاہیئے۔ کھاتے پیتے، اٹھتے بیٹھے۔ چلتے پھرتے گاتے ہنستے، مسرور کن، شاداب گھڑیاں ہوں یا رنج وکرب کی المناک برساتیں آپ کے ہر قول وفعل سے اعلےٰ ترین اخلاقی جرأت برسنی چاہیئے۔ جابیر کو یاد رکھیے، دیوی ماں کو یاد رکھیے، آپ دیکھیں گے کہ ہر قسم کی کمزوری، شکستہ پائی، بزدلی اور کم ہمتی فوراً کافور ہو جائے گی۔

پُرانے مذاہب کہتے تھے کہ جو شخص ایشور پر وشواس نہیں رکھتا وہ ناستک اور دہریہ ہے۔ لیکن نیا مذہب کہتا ہے کہ ناستک وہ ہے جسے اپنے اُوپر وشواس نہیں۔ وشواس سے مُراد خود غرضانہ وشواش سے نہیں میرا مطلب یہ ہے کہ کُل میں اعتماد ہونا چاہیئے، کیونکہ آپ ہی کچھ ہیں۔ آپ کے لئے مہر ومحبت کے معنی ہیں سب کے لئے مہر ومحبت، حیوانوں تک کے لئے پیار۔ ہر ایک شے سے محبت۔ کیونکہ آپ سب ایک ہیں۔ صرف اعلےٰ اعتماد اور یقین ہی آپ کی دُنیا میں جانفزا انقلاب لاتے گا۔ خود اعتمادی کا آدرش ہی ہمارے لئے سب سے اعلےٰ ترین سہارا ہے۔ اگر ہمیں خود اعتمادی کا درس زور وشور سے پڑھایا گیا ہوتا اور اس خود اعتمادی اور آتم وشواش کو مشعل راہ بنایا گیا ہوتا تو مجھے یقین ہے کہ وہ بیشتر بدعتیں بدعنوانیاں اور برائیاں جو اس وقت ہمارے دامن سے لپٹ کر رہ گئی ہیں، کافور ہو چکی ہوتیں۔ بنی نوع انسان کی ساری تاریخ کی ورق گردانی کر لیجیے، اگر بڑے انسانوں کی زندگیوں میں کوئی محرک اور ولولہ انگیز مقصدِ حیات دوسرے تمام مقاصد سے کہیں زیادہ قوی اور عظیم الشان تھا تو وہ جذبۂ خود اعتمادی تھا اور پیدائش سے ہی انہیں یہ شعور تھا کہ وہ بڑے بنیں گے، اور وہ بڑے بن گئے۔

مذہب وایمان بے پایاں قوت ہے۔ طاقت نیکی ہے، کمزوری گناہ۔ تمام گناہوں اور تمام بدیوں کو اگر ایک ہی ساتھ بیان کرنا ہو تو وہ لفظ ہے، کمزوری۔ یہ کمزوری اور ناتوانی ہوتی ہے جو ہر بدی اور برائی کی محرک بنتی ہے۔ یہ کمزوری اور ناتوانی ہوتی ہے جو سب خود غرضیوں کو جنم دیتی ہے۔ یہ کمزوری اور ناتوانی ہوتی ہے جس کی وجہ سے انسان دوسروں کو تکلیف وضرر پہنچاتا ہے۔ سب انسانوں کو اس حقیقت سے روشناس کرا دیجیے کہ وہ کون ہیں۔ شب وروز انہیں اس حقیقت کا ورد کرنا چاہیے کہ وہ کون ہیں "سوہنگ" یہ نام انہیں شیرِ مادر کے ساتھ لوریوں کے ذریعہ پلا دینا چاہیئے۔ بے پناہ پختگی کے اس وچار کو گھٹی میں ہی دینا چاہیئے کہ میں وہی کچھ ہوں جو وہ ہے۔ پہلے اس بات کو دھیان دیکر سُنئے۔ پھر اس پر سوچئے اس خیال وفکر سے ایسے ایسے معرکے سر ہوں گے کہ دُنیا دنگ رہ جائے گی سچ بخوبی اور جرأت سے بولئے کُل حقیقت ابدی اور آفاقی ہے۔ سب آتمائیں ست ہیں۔ سب رُوحوں کی فطرت صداقت ہے۔ اور صداقت کی پرکھ یہ ہے کہ جو بات آپ کو جسمانی طور پر، دماغی طور پر کمزور بنائے، اسے زہر کی طرح

ترک و مسترد کر دیجئے۔ اس میں حیات و بقا کا نام و نشان تک نہیں۔ یہ حق و صداقت بھی نہیں ہو سکتی۔ صداقت قوت بخش اور طاقتور ہوتی ہے۔ پرہیزگاری اور نفس کشی حق و صداقت ہے۔ سب علم و گیان حق و صداقت ہے۔ حق و صداقت کو لازمی طور پر قوت بخش، بصیرت افروز اور روح پرور اور فرحت بخش ہونا چاہیئے۔ پھر اپنے اُپنشدوں کی طرف رجوع کیجئے جن کا فلسفہ نور افشاں، حیات پرور اور آب و تاب والا ہے۔ اس فلسفہ کو اپنائیے۔ عظیم ترین صداقتیں دُنیا کی سہل ترین، آسان ترین زبان میں درج ہیں۔ اس طرح کی سہل اور آسان جس طرح آپ کی ہستی ہے اُپنشدوں کی سچائیاں اور صداقتیں آپ کے سامنے ہیں۔ انہیں مشعل عمل بنا لیجئے۔ زندگی ان کے سانچے میں ڈھال لیجئے۔ پھر ہندوستان کی نجات اور رستگاری میں دیر نہیں لگے گی۔

ہماری ایک تہائی تباہیوں اور مصیبتوں کی وجہ جسمانی کمزوری ہے۔ ہم سست کاہل اور کام چور ہیں۔ اور پھر ہم اکٹھے اور متحد نہیں ہو سکتے۔ ہم طوطے کی طرح رٹی ہوئی بہت سی باتوں کا فکر و ذکر کرتے رہتے ہیں۔ لیکن ان باتوں پر کبھی عمل نہیں کرتے۔ ہم باتوں کے غازی نہیں، کردار کے ہیں۔ زبان سے کچھ کہنا' ہاتھوں سے کچھ نہ کرنا' یہ ہمارا دستورِ زندگی بن چکا ہے۔ اس کی وجہ کیا ہے؟ جسمانی کمزوری۔ اس طرح کا کمزور دماغ کچھ بھی نہیں کر سکتا۔ ہمیں اسے توانا بنانا ہوگا۔ اوّلین ضرورت اس بات کی یہ ہے کہ ہمارے دیش کے نوجوان مضبوط اور ہمت والے بنیں۔ مذہب کی ضرورت ثانوی ضرورت ہے۔ میرے نوجوان دوستو! میری آپ کے لئے یہی نصیحت ہے' میری آپ کے لئے یہی تعلیم و تلقین ہے کہ آپ مضبوط بنیں۔ گیتا کے مطالعہ کی نسبت فٹ بال کھیلتے ہوئے آپ ایشور کے زیادہ قریب پہنچ سکیں گے۔ اپنی رگ و پے میں ذرا جواں ہمتی اور اپنے جسم میں ذرا توانائی پیدا کر لیجئے، پھر آپ بھگوان کرشن کی عظیم الشان عالی ہمتی اور ان کی غیر معمولی ذہنیت و فہم و فراست کو بہتر سمجھ سکیں گے۔ اگر آپ کے جسم میں زیادہ ہمت ہو گی، اور آپ خود کو مردِ میدان سمجھنے لگیں گے تو اپنشدوں کے اسرارِ حقیقت آپ پر سہل سے کھلنے لگیں گے اور آتما کے نورانی حُسن و جمال اور اس کی رفعتوں سے بہتر شناسا ہو سکیں گے۔

اُپنشدوں کا ایک ایک ورق مجھ سے یہی کہتا ہے کہ عالم میں یہی وہ واحد تصنیف ہے جس میں 'ابھے' بے خوفی اور بے ڈرتا کا لفظ بار بار استعمال کیا گیا ہے۔ دُنیا کی کسی دوسری رُوحانی کتاب میں ایشور یا انسان' کے لئے اس صفت کا استعمال نہیں کیا گیا۔

میرے پردہ ذہن پر عہد رفتہ کے عظیم مغربی شہنشاہ سکندر اعظم کی تصویر اُبھرتی جا رہی ہے۔ اور یوں لگتا ہے جیسے کہ نگاہیں اِس تصویر کو دیکھ رہی ہیں، اس عظیم فرماں روا کو دریائے سندھ پر کھڑا جنگلوں میں رہنے والے ایک سنیاسی سے محوِ گفتگو دیکھ رہا ہوں۔ وہ ایک عمر رسیدہ انسان سے ہم کلام ہے۔ جو شاید ننگا ہے۔ بالکل برہنہ۔ ایک پتھر کی چٹان پر بیٹھا ہوا۔ شہنشاہ اِس صاحب دانش کی فہم و فراست پر حیران

دششدر ہوا۔ اسے دولت اور شہرت کا لالچ دیکر یونان جانے کے لئے آمادہ کر رہا ہے۔ لیکن یہ شخص اس کی دولت وامارت اور اس کے لالچ اور اسکی 'ترغیب و تحریص کی ہنسی اُڑا دیتا ہے۔ اور یونان جانے سے انکار کر دیتا ہے تب فرمانبردا حکومت اور تاج و تخت کے بل بوتے پر تکبر کے ساتھ کہتا ہے۔" اگر تم یونان نہیں چلو گے تو میں تمہیں موت کے گھاٹ اُتار دوں گا" یہ الفاظ سن کر وہ شخص قہقہہ لگاتا ہے اور کہتا ہے کہ" جتنی دروغ بیانی تم نے اس وقت کی ہے اس سے پہلے کبھی اس قدر جھوٹ نہ بولا ہوگا۔ مجھے کون مار سکتا ہے؟ کون قتل کر سکتا ہے؟ کیونکہ میں ایک 'اجر' امر' دھما' 'انادی' آتما ہوں جسے فنا نہیں، قضا نہیں۔"

یہ ہے طاقت اور قوت!

ہمیں کمزور ناتواں بنانے والے ہزاروں ہیں۔ ان کے قصے کہانیوں کو دہرانے سے کیا حاصل؟ اس لئے میرے دوستو! آپ کا ہم وطن ہونے کے ناطے سے' ایک ایسے شخص ہونے کے ناطے سے جس کا جینا اور مرنا آپ کے ساتھ ہے میں آپ کو بتا دینا چاہتا ہوں کہ ہمیں طاقت' قوت اور ہر وقت توانائی کی ضرورت ہے۔ اُپنشد طاقت قوت اور توانائی کی عظیم کان اور سرچشمہ ہیں۔ ان میں اتنی طاقت بھری پڑی ہے کہ ساری دُنیا میں تہلکہ مچ جائے اور کل عالم میں نئی روح پھونکی جا سکے۔ ان کے ذریعہ ساری دُنیا میں مضبوط اور توانا بنایا جا سکتا ہے۔ اس میں نئی روح ڈالی جا سکتی ہے۔

یہ اُپنشد بہ بانگِ دہل کمزوروں' ناتوانوں اور تمام نسلوں اور قوموں کے نامرادوں' پسے ہوئے پسماندہ لوگوں اور تمام فرقوں اور تمام گروہوں کو اس بات کی دعوتِ عمل دے رہے ہیں کہ 'اٹھو' اپنے پاؤں پر کھڑے ہو جاؤ اور آزاد آتما ہو جاؤ۔ آزادی' جسمانی' ذہنی اور عملی آزادی' رُوحانی اور دینی آزادی' یہ ہے اُپنشدوں کا لُبِ لباب' ان کی تعلیم کے حقیقی معنی۔

لیکن میں یہ بات واضح کر دوں کہ مقدس رُوحانی کتابیں ہمیں مذہبی اور روحانی نہیں بنا سکتیں۔ بھلے ہی ہم دُنیا بھر کی تمام کتابوں کا مطالعہ کر لیں۔ لیکن ہو سکتا ہے کہ ہم پھر بھی مذہب و خدا، دھرم اور ایشور کے متعلق ایک حرف تک نہ سمجھ پائیں۔ زندگی بھر اس موضوع پر گفتگو کرتے' یا ان کے متعلق بحث مباحثہ کرتے رہیں۔ ان باتوں کو عقل و دلیل کی کسوٹی پر پرکھتے رہیں لیکن اس کے باوجود حق و صداقت کو اس وقت تک سمجھ ہی نہیں سکتے۔ تا وقتیکہ ہم اس کا تجربہ خود نہ کریں۔ اور یہ حقیقت ہماری آزمائش اور مشاہدہ میں نہیں آ جاتی۔ کسی انسان کو چند کتابیں دیکر اُسے ڈاکٹر نہیں بنایا جا سکتا۔ کسی ملک کے دیکھنے کے متعلق جو شوق میرے دل میں انگڑائیاں لے رہا ہے اس ملک کے مجھے محض نقشے دکھا کر مطمئن نہیں کیا جا سکتا۔ نقشوں سے تو ذہن اور قلب میں مزید واقفیت اور علم حاصل کرنے کی پیاس اور بھڑک اُٹھے گی۔

اس سے زیادہ نقشوں کی کوئی وقعت نہیں۔ مندر اور مسجدیں، کلیسے اور گرجا گھر، کتابیں اور رسم و رواج تو مذہب کے ابتدائی مرحلے ہیں! ایسے مکتب اور مدرسے، جہاں بچوں کو کھلونوں کے ذریعہ تعلیم دی جاتی ہے۔ ان کا مقصد اور ان کی غرض و غایت صرف اتنی ہے کہ بچہ روحانی منزل کی طرف قدم اُٹھانے کے قابل اور اہل بن جائے۔ مذہب و دین نہ اصولوں میں ہے، نہ ہی کسی عقیدہ میں ہے اور نہ ہی یہ کسی بحث یا ذہنی دلیل بازی میں پنہاں ہے مذہب تو جاننا اور بننا ہے اس کا مشاہدہ تو کیا جا سکتا ہے مناظرہ نہیں کیا جا سکتا ۔ یہ تو انبھو ہے اور ذاتی علم و مشاہدہ ہے۔

ہم بھلے ہی دنیا کے سب سے بڑے عالم و فاضل بن جائیں، لیکن ممکن ہے کہ اس علم و دانش کے باوجود ہم خدا سے کوسوں دور رہیں اور ہمارے دِل خدائی صداقت سے نا آشنا رہ جائیں۔ اور پھر یہ ہماری آنکھوں دیکھی بات ہے کہ اعلیٰ ترین ذہنی تعلیم و تربیت نے بسا اوقات لا مذہبی انسان ہی پیدا کئے۔ مغربی تہذیب و تمدن کی خام کاریوں اور بدعتوں میں ایک خرابی یہ بھی ہے کہ اس میں ذہنی اور دماغی تعلیم تو دی جاتی ہے۔ لیکن قلب و رُوح پر دھیان ہی نہیں دیا جاتا۔ ایسی تعلیم سے انسان دس گناہ زیادہ خود غرض بن جاتے ہیں جب کبھی ذہن اور قلب میں ٹکراؤ اور کشمکش پیدا ہو تو ہمیشہ قلب و روح کا کہا مانیئے اور جس ڈگر پر وہ ڈالے، اس پر قدم بڑھایئے، ذہن کی پہنچ اِن رفعتوں اور بلندیوں تک کہاں ہو سکتی ہے جن تک قلب و رُوح کی پرواز ہے۔ قلب و روح، عقل و فہم سے بہت پرے، بہت اُوپر نکل کر مشاہدہ، مجاہدہ اور الہام کی دُنیا تک پہنچ جاتا ہے۔ اس لئے ہمیشہ قلب و روح کے ذریعہ طہارت میں لگے رہیئے کیونکہ خدا دل کے ذریعہ گفتگو کرتا ہے۔ اور قلب روح کے ذریعہ ہمکلام ہوتا ہے۔

وہ شدید ترین جذبۂ عشق و محبت جس سے بنی آدم اور نوعِ انساں شاید ہی کبھی روشناس ہوئی ہو، مذہب کی ہی تخلیق و پیداوار تھا، امن و آشتی کے متعلق نفیس ترین الفاظ جب کبھی دُنیا نے سُنے، مذہب و دین کے پرستاروں کی زبانِ مبارک سے سُنے۔

لیکن یہ امر واقعہ ہے کہ دُنیا نے اگر بدترین قسم کی ملامت خیز تلخ نوائی سُنی تو مذہبی انسانوں سے سُنی کیونکہ ہر مذہب و فرقہ نے اپنے ہی اُصولوں پر زور دیا اور اس بات کو ہٹ دھرمی سے کہا کہ صرف ان کے اُصول ہی درست اور صحیح ہیں۔ کسی ایک نے تو دوسروں کو ہم عقیدہ اور ہم مذہب بنانے کی خاطر تلواریں سُونت لیں۔ اور خنجر ہاتھوں میں تھام لئے۔ کسی خباثت یا دماغی خرابی کی وجہ سے نہیں بلکہ انسانی دل و دماغ کے اس مرض کی وجہ سے جسے تشدد آمیز تعصب کہتے ہیں۔ لیکن اِس جنگ و جدل، مذہبی فرقوں اور گروہوں کے تعصب اور حسد و عناد کے باوجود گاہے گاہے بے پناہ تاثیر رکھنے والی آوازیں اُمن و آشتی، اتحاد اور میل مِلاپ کے لئے بلند ہوتی رہی ہیں۔

اور پھر وہ مبارک زمانہ آپہونچا جب ایک شخص اس عالمِ رنگ و بُو میں پیدا ہوا جو سب مذہبوں، سب فرقوں اور سب گروہوں اور سب انسانوں میں ایک ہی رُوح اور ایک ہی آتما کو جلوہ گر اور

حرکت پذیر دیکھے۔ سب میں ایک ہی ایشور کو کارفرما دیکھے جس کے لیے ہر فرد و بشر خدا کا تصور ہو جو دکھیوں اور غریبوں کو دیکھے تو اس کا دل پگھل کر آنسوؤں کے ذریعہ بہنے لگ جائے جو کمزوروں اور ناتوانوں کو دیکھے تو ماہی بے آب کی طرح تڑپ اُٹھے جو پسماندہ اور ٹھکرائے ہوئے لوگوں کو دیکھ کر رونے لگ جائے۔ ایک ایسا انسان جو اس قدر ذی حس اور نرم دل ہوتا ہوا بھی اِس بے پناہ، جگمگاتی، ضوفشاں فہم و فراست سے مالا مال تھا جو نہ صرف ہندوستان کے بلکہ ہندوستان کے باہر کے تمام متصادم اور معروف کش مکش مذہبوں اور فرقوں میں رشتہ یگانگت و رفاقت پیدا کرسکے، اور حیرت خیز اخوت، عالم گیر مذہب کی داغ بیل ڈال سکے۔ ایسا انسان پیدا ہوا تھا۔ اور مجھے اس کے قدموں میں برسوں تک بیٹھنے کا فخر و اعزاز نصیب ہوا ہے۔ میں نے اپنے پیر و مرشد اور ست گرو سے یہی حقیقت سیکھی کہ دنیا کے مذہبوں اور فرقوں میں تضاد و عناد نہیں ہے۔ بلکہ یہ سب ایک ابدی مذہب کی مختلف صورتیں اور مختلف پہلو ہیں۔ پرم ہنس شری رام کرشن نے کبھی کسی کے خلاف ایک بھی تلخ و ترش لفظ اپنے منہ سے نہیں نکالا تھا۔ وہ اس قدر فراخ دل، بردبار اور متحمل اور شیریں مزاج تھے کہ ہر فرقہ اور ہر مذہب والے یہی سوچتے تھے کہ وہ اُن کے ہیں وہ ہر ایک سے مہر و محبت سے پیش آتے تھے۔ ان کے نزدیک تمام مذاہب سچے اور درست تھے۔ اُن کی ساری زندگی ان دیواروں کو گرانے اور ہٹانے میں ہی بیت گئی جو دیواریں تنگ نظریوں اور کج اصولوں پر کھڑی کی گئی تھیں۔

ہمارا مدعائے حیات اور فکر و نظر قبول و رضا ہونا چاہئے، انکار و محرومی نہیں۔ فقط رواداری اور بردباری سے بات نہیں بنے گی۔ کیونکہ رواداری اکثر کفر و شرک ہوا کرتی ہے۔ رواداری اور بردباری کے معنی یہ ہیں کہ میں یہ بخوبی جانتا ہوں کہ آپ غلط ہیں۔ لیکن اس کے باوجود میں آپ کی غلط کاریوں سے چشم پوشی کر دوں گا۔ یہ کفر و تعصب نہیں تو کیا ہے کہ میں اور آپ، دونوں ایک دوسرے کو اس طرح گھٹے دل سے برداشت کریں۔ عہد ماضی میں جس قدر بھی مذاہب اور دین ہو چکے ہیں۔ میں ان کا حامی اور پرستار ہوں۔ میں ان میں سے ہر ایک کے ہم دوش اور ہم صف بیٹھ کر ایک پروردگارِ عالم کی پرستش و عبادت کرتا ہوں۔ قطع نظر اس بات کے، کہ ان کا طریقۂ عبادت کیا ہے اور ان کا عقیدہ و ریاضت کیا ہے۔ مجھے مسلمانوں کی مسجد میں جانے سے انکار نہیں اور نہ عیسائیوں کے کلیسا میں جا کر صلیب اور رسول کے سامنے سجدہ ریز ہونے میں کوئی عار ہے۔ میں بودھ مندر میں جا کر بھگوان بدھ کی پناہ اور شرن میں جانے کو تیار ہوں اور جنگل و ویرانہ میں جا کر ایک ایسے ہندو کے ساتھ بیٹھ کر سمادھی لگانے کو بھی تیار ہوں جو اُس جیوتِ مطلق ایشور کے تیج اور نور کو دیکھنے کی کوشش میں مگن ہے جو سبھی کے دلوں کو منور کرتا ہے اور سب کے باطنوں کو روشن کرتا ہے۔

۔ہیں پر بس نہیں' میں ستقبل میں آنے والے تمام مذاہب اور عقائد کے لئے بھی کشادہ دلی ، اور خندہ پیشانی' رکھتا ہوں ۔کیا ربّی کتابیں ختم ہو گئی ہیں ؟ کیا اس خدا کا سرچشمہ فیض و صداقت سوکھ گیا ہے؟ یا اس کے اسرار مخفی افشا ہونے کا عمل پیہم جاری و ساری ہے ؟

حقیقت یہ ہے کہ خدائی رازوں سے بڑھ کر اور کوئی کتاب نہیں ۔ دنیا کے رُوحانی اسرار و رموز کے انکشاف کی یہ کتاب لاثانی ہے ۔ بائیبل' وید ' قرآن اور دوسری مقدس کتابیں کیا ہیں؟ اسی مقدس کتاب کے چند ورق ہیں۔ نہ جانے کہ اس کتاب کے کتنے اور ورق اور صفحات ابھی اور نازل ہونگے اور ہمارے اوپر کیا کیا اسرار و رموز افشا کریں گے ۔ آیئے ہم تمام تر صدق دل سے ماضی کے مُقدّس مذاہب کے لئے اظہار تشکر کرتے ہوئے عہدِ حاضر کی رُوحانی روشنی سے پُورا پُورا لطف و سرور حاصل کریں اور اپنے دل کے کواڑوں اور کھڑکیوں کو ستقبل میں طلوع و نمودار ہونے والے مذاہب و عقائد کے لئے کھلا رکھیں ۔ آیئے ہم دلی احترام کے ساتھ ان سب پیغمبروں نبیوں اور برہم رشیوں کے آگے سجدہ کریں' جو عہدِ رفتہ میں ہو چکے ہیں' عصرِ حاضر میں موجود ہیں اور ستقبل میں آنے والے ہیں ۔

مقاصد اور اسباب

سب سے بڑا سبق جو میں نے اپنی زندگی میں پڑھا ہے وہ یہ ہے کہ جس قدر اہمیت اور توجہ مقصد و مُدعا پر دی جائے۔ اُسی قدر توجہ اور اہمیت اس کے اسباب اور ذرائع کو دی جانی چاہیئے۔ جس سے میں نے یہ سبق سیکھا وہ ایک مہاپُرش تھے۔ اور اُن کی زندگی اسی عظیم اصول کی جیتی جاگتی مثال تھی۔ میں نے اسی ایک اصول کی بدولت بہت سی عمدہ باتیں سیکھی ہیں اور یوں لگتا ہے کہ میری تمام کامیابیوں اور کامرانیوں کا راز اسی اصول میں پنہاں ہے۔ اور وہ اُصول یہی ہے کہ اسباب اور ذرائع پر اتنی ہی توجہ دی جائے، جس قدر مقصد و مُدّعا کو دی جاتی ہے۔

ہماری زندگی کا سب سے بڑا نقص یہ ہے کہ ہم نصب العین کے متعلق اس قدر مگن اور سرشار ہو جاتے ہیں۔ مقصد و مُدعا ہمارے دِلوں پر اور ہمارے ذہن و فکر کے اُفق پر اس قدر محیط ہو جاتا ہے اس کی تفصیلات اور اسباب ہماری آنکھوں سے بالکل اوجھل رہ جاتے ہیں۔

کبھی ناکامی دیکھنی پڑے یا رُسوائی و ہزیمت اُٹھانی پڑے، اور ہم دقیقہ شناس بن کر اسبابِ ناکامی کا تجزیہ کریں تو نوّے فی صدی حالتوں میں ہم کو دکھیں گے کہ وجہ ناکامی یہ تھی کہ ہم نے حصولِ مقصد کے اسباب و ذرائع پر توجہ نہ دی۔ ضرورت اس امر کی ہے کہ ہم ان اسباب اور ذرائع کو پختہ و مضبوط بنائیں۔ اُنھیں خاطر خواہ اور توجہ دیں۔ تکمیلی اسباب درست ہوں تو مُدعا اور مقصد لازمی طور پر پُورا ہو گا۔ ہم بھُول گئے ہیں کہ یہ علت ہے جو معلول و اثر پیدا کرتی ہے۔ معلول اور نتیجہ خود بخود پیدا نہیں ہوتا۔ اور جب تک علتیں اور اسباب درست، موزوں اور مضبوط و کافی نہیں ہوں گے، نہ مُدعا پورا ہو گا۔ نہ ہمارے دل گوہر مقصود کو حاصل کر سکیں گے۔ ہمیشہ

مقصد و مدعا کا انتخاب کرلو اور اس کے اسبابِ حصول کا فیصلہ کرلو، پھر چاہے مقصد و مدعا فراموش ہی ہو جائے کیونکہ یہ ایک امر مسلمہ ہے کہ اگر اسباب بے عیب اور تمام و کمال ہیں تو مدعا پورا ہو کر رہے گا۔ علت ٹھیک ہو تو معلول کے متعلق شک وشبہ یا مشکل و دقت کیوں ہو گی وہ تو خود بخود لازمی طور پر پیدا ہو کر رہے گا۔ ہم اگر علت اور اسباب پر دھیان دیں گے تو نتیجہ اور معلول خود بخود اپنی فکر کرلے گا۔ نصب العین کا حصول اسباب پر انحصار رکھتا ہے۔ ذرائع ہی مقاصد ہوتے ہیں یہی وجہ ہے کہ اسباب و ذرائع پر زیادہ توجہ دی جانی چاہئے اسی میں زندگی کا راز پنہاں ہے۔ گیتا میں اسی راز ادر بھید کو کھول کر سمجھایا گیا ہے۔ گیتا کہتی ہے ہمیں کام کرنا ہوگا۔ مسلسل کام پوری طاقت سے، پوری یکسوئی سے، بلا لحاظ اس بات کے کہ کام کی نوعیت کیا ہے۔ ہمیں کرم کرنا ہی ہوگا۔

اس کے ساتھ یہ بھی ضروری ہے کہ ہم کام میں کبھی نہ پھنسیں۔ کیونکہ لگاؤ اور تعلق بندھن ہے مطلب یہ ہے کہ جب ہم کوئی کام کر رہے ہوں تو اس قدر یکسوئی قلب سے کریں کہ ہماری توجہ ادھر اُدھر کہیں نہ جانے پائے۔ لیکن اس کے ساتھ ہی ہماری دل کیفیت یہ ہونی چاہیئے کہ ہم جب چاہیں اس کام سے دستکش ہوسکیں۔

ہم اگر اپنی زندگیوں کو ٹٹولیں تو دیکھیں گے کہ ہمارے رنج و کرب کی وجہ یہ تھی کہ ہم نے ایک کام میں خون پسینہ ایک کر دیا۔ لیکن جب نتیجہ ناکامی اور نامرادی نکلا تو ہم اس کام کو ترک بھی نہ کرسکے۔ حالانکہ ہم یہ جانتے ہوتے ہیں کہ یہ ہمارے لیئے وجہ کوفت اور باعثِ نقصان بنا ہے۔ ہم اگر کنارہ کش نہ ہوئے تو اس سے اور آفتیں نازل ہوں گی لیکن پھر بھی ہم اس سے پیچھا نہیں چھڑا سکتے۔ بھنورا شہد بھرا رس چوسنے کی غرض و غائت سے آیا تھا۔ لیکن یہاں آکر وہ خود اسیر بنکر رہ گیا۔ اور اسیر بھی ایسا کہ کہیں اُٹھ کر جانے کی ہمت وسکت باقی نہ رہی۔ بار بار ہم اپنے آپ کو اس صورتِ حالات میں پھنسا ہوا پاتے ہیں۔ یہی اس عالمِ ہستی کا رازِ حقیقی ہے۔ ہم اس جہانِ رنگ و بو میں کیوں وارد ہوئے۔ ہم یہاں پھولوں کی مہک اور ان کے رس لوٹنے کے لیئے آئے تھے، لیکن اب اپنے پیروں کو بیڑیوں، ہاتھوں کو ہتھکڑیوں میں جکڑا ہوا دیکھ رہے ہیں ہم کسی کو پکڑنے اور قید کرنے آئے تھے مگر لُٹے خود ہی اسیر غلام بن کر رہ گئے۔ ہم دوسروں سے سرشاریاں اور سرمستیاں حاصل کرنے آئے تھے۔ لیکن یہاں دوسروں نے ہم سے سرور و کیف لوٹنا شروع کر دیا۔ ہم یہاں دوسروں پر حکومت کرنے آئے تھے۔ لیکن یہاں دوسروں کے مطیع بن کر رہ گئے۔ ہم یہاں دوسروں سے کام کروانے آئے تھے لیکن دوسروں نے ہمیں بیگار میں پکڑ لیا۔ ہمیشہ سے ازل سے ہی ہمارے ساتھ یہی کچھ ہوتا آرہا ہے۔ اور یہ سب باتیں ہماری زندگیوں میں ہوتی چلی جاتی ہیں۔ ہم لگاتار اور مسلسل

دوسروں کے اشارے پر رقص کرتے ہوئے کام کررہے ہیں ۔ اور ہر وقت دوسروں کے دلوں کے تابع و ماتحت رہتے ہیں ۔ہم نے سوچا تھا کہ دُنیا کی نعمتوں اور خوشیوں کو جی بھر لُوٹیں گے لیکن ان خوشیوں اور نعمتوں نے ہماری رگ رگ سے خُون نچوڑ لیا۔ ہمارے شوق و طلب کا ایک زمانہ وہ بھی تھا کہ قدرت کے ہر راز اور خزانہ کو اپنی باہنوں میں سمیٹ لینا چاہتے تھے لیکن ایک زمانہ ایسا بھی آیا کہ ہم خود نظام قدرت کے ہاتھوں لُٹ کر رہ گئے ۔ اور خانماں برباد ہو گئے ۔ اِس نظام ہفت رنگ و بُو نے ہمیں کہیں کا نہ چھوڑا ہر خوشی ہم سے نوچ لی ۔ اور ہر مزہ ہم سے چھین لیا اور حالت یہاں تک جا پہنچی کہ ہمیں لوٹ کر ننگا کر کے پرے پھینک دیا۔

ہماری مصیبت اور بدنصیبی کی ایک وجہ یہ ہے کہ ہم دامِ اُلفت کے اسیر ہیں اور موہ مایا اور ممتا میں جکڑے ہوئے ہیں جنھیں اپنی گرفت میں لینے کے لیے آئے تھے ، اُن کے اسیر و غلام بن کر رہ گئے ۔ اسی لئے تو گیتا کہتی ہے :مُسلسل کام کرتے جاؤ۔ نرنتر کرم کرتے جاؤ ۔اور تعلق اور دل بستگی کی زنجیروں کے قیدی نہ بنو۔اپنے آپ کو سب سے کنارہ کش کرنے کے اور سب سے ترکِ اُلفت کرنے کی قوت کو اپنے آپ میں بچا کر محفوظ رکھو اور کوئی شئے کتنی ہی عزیز و محبوب کیوں نہ ہو۔ اس کے لئے ہمارا دل کتنا ہی بے تاب اور بے قرار ہو کر کیوں نہ مچل مچل جائے ۔ اس سے جُدا اور دُور ہونے سے کتنا ہی رنج و عذاب اور درد و کرب کیوں نہ ہو لیکن جب چاہیں اس سے دامن جھاڑ کر، اُس کی اُلفت سے مُنہ موڑ کر، اُس سے رشتۂ محبت توڑ کر آگے بڑھ جائیں ۔

اِس زندگی میں یا دوسری کسی زندگی میں ، غریب کے لئے کوئی جگہ نہیں ۔کمزوری کی وجہ سے ہی غلامی اور اسیری جنم لیتی ہے ۔کمزوری سے ہی جسمانی اور ذہنی تمام قسم کی آفتیں اور مصیبتیں پیدا ہوتی ہیں ۔کمزوری موت ہے ۔ لاکھوں کروڑوں جراثیم ہمارے اِردگرد پھیلے ہوئے ہیں لیکن یہ اس وقت ہمیں کوئی نقصان نہیں پہنچا سکتے ، جب تک کہ ہم خود کمزور و لاغر نہ ہو جائیں ۔ اور ہمارا بیمار و مریض جسم اُن کا خیر مقدم کرنے کے لیے آمادہ و تیار نہ ہو۔ عذاب و آلام کے لکھو کھا اور کروڑہا جراثیم ہمارے اردگرد ہوا میں تیر رہے ہوں ، ہمیں کیا ؟ اُن کی پرواہ نہ کرو۔ ان میں اتنی ہمت و جرأت ہی کہاں ؟ کہ ہمیں چھو سکیں ! اُن میں اتنی تاب کہاں کہ ہمیں ہاتھ تک لگا سکیں ؟ ہم پر وہ غلبہ اسُی وقت پائیں گے جب ہمارے ذہن و فکر میں کمزوری ہوگی اور بے ہمتی آئے گی ۔اس پند سُود مند کو ہمیشہ یاد رکھیئے ۔ طاقت و ہمت ہی زندگی ہے ۔کمزوری اور ناتوانی موت ہے طاقت و ہمت ہی سرشاری اور مستی ہے ۔یہی ابدی اور ازلی زندگی ہے یہ غیر فانی ہے ۔یہ حیاتِ جاوداں ہے ۔لیکن اس کے مقابلہ میں کمزوری اور بے ہمتی ایک پیہم عذاب ، ایک مُسلسل آفت ، ایک نہ مٹنے والی مصیبت ہے ۔ کمزوری ہلاکت ہے ۔

اِس وقت ہماری سب خوشیوں اور مسرّتوں کا سرچشمہ تعلق اور اُلفت ہے۔ ہمیں دوستوں سے خوشی ملتی ہے۔ اِس لئے ہم اُن سے وَابستہ ہیں اور اُن کی محبت واُلفت کے اسیر ہیں۔ ہمیں رشتہ داروں اور عزیزوں سے مسرّت ملتی ہے۔ کیونکہ ہم ایک دوسرے کی محبت میں گرفتار ہیں۔ ہمیں اگر اپنے ذہنی اور رُوحانی کاموں سے مسرّت اور شادمانی ملتی ہے تو اِس لئے ہم ان میں اپنا مَن لگا بیٹھتے ہیں۔ ہم بیرونی چیزوں سے اپنی وابستگی اور محبت کی وجہ سے ہی فرحت و راحت حاصل کرتے ہیں۔ جائے حیرت ہے کہ پھر یہ رنج وعذاب، یہ ذلّت وخواری یہ خستہ حالی اور بدنصیبی کہاں سے آٹپکتی ہے؟ اسی تعلق سے، اسی اُلفت سے، اسی اُنس وپیار سے۔ ہم اپنے دامن کو اگر سچی مسرّت وشادمانی سے بھرنا چاہتے ہیں تو ہمیں اپنے آپ کو ان کے دامِ اُلفت سے آزاد کرانا ہوگا۔ اور اُن سے بے نیاز اور لاتعلق ہونا ہوگا۔ اگر ہم میں یہ ہمت وقوت آجائے گی کہ ہم جب چاہیں اُن سے دست کش ہو جائیں تو پھر نہ کوئی رنج وعذاب ہوگا نہ ذلّت وخواری۔ وہی اِنسان قدرت کی رحمتوں اور برکتوں سے سب سے زیادہ شادکام اور لطف اندوز ہو سکتا ہے جو یہ قدرت رکھتا ہو کہ جب چاہے جی جان کے ساتھ کس بات سے جُڑ جائے۔ اور جب چاہے دامن جھاڑ اس سے بے تعلق اور بے نیاز ہو جائے۔ چاہیئے تو یہ کہ اُنس وپیار، اُلفت ومحبت کی شدت بھی اُسی قدر ہونا چاہیئے جس قدر بے تعلقی اور کنارہ کشی کی۔ ممتا اور محبت اتنی ہی تیز ہونی چاہیئے جتنی بیگانگی اور بے نیازی۔ اِس عالمِ رنگ وبو میں ایسے انسان بھی ہیں جو کسی کے دامِ اُلفت کے اسیر نہیں وہ کبھی کسی کو پیار نہیں کر سکتے۔ یہ سنگ دِل، بے نیاز، اور لاپرواہ ہوتے ہیں۔ اور حیات وبقا کی اکثر وبیشتر آفتوں اور عذابوں سے بے نیاز رہتے ہیں لیکن ایک پتھر کی دیوار بھی تو تمام دُکھوں اور آفتوں سے بے نیاز ہوتی ہے وہ کسی کو محبت بھی نہیں کرتی کسی کو رنج وعذاب بھی نہیں دیتی۔ لیکن ہے تو بالآخر پتھر کی بے حس دیوار! میں یہ نہیں کہتا کہ تم پتھر کی دیوار بن جاؤ۔ ہرگز نہیں۔ ایسی دیوار بننے سے کہیں بہتر ہے کہ ہم پیار ومحبت کریں۔ اور کسی کے اسیر بن جائیں۔ یہی وجہ ہے کہ ایک ایسا انسان جو کبھی کسی کو محبت نہیں کرتا جو پتھر کی طرح سخت اور بے حس ہے، جو زندگی کے دُکھوں اور عذابوں سے بچا ہوا ہے۔ قدرتی طور پر زندگی کی مسرتوں اور راحتوں سے بھی بے فیض اور محروم رہ جاتا ہے۔ ہم ایسا نہیں بننا چاہتے۔ یہ تو کمزوری اور ناتوانی ہے۔ موت اور قضا ہے۔ جس رُوح نے کبھی کمزوری چکھی نہیں، اس میں کمزوری کہاں سے آئے گی، وہ دُکھ اور عذاب کب محسوس کر سکتی ہے یہ عالم تو بے دردی، بے حسی اور سنگدلی کا عالم ہے۔ ہمیں اِس سے کیا سروکار؟

ہم آرزومند ہیں کہ ہمارے دل بے مثال اور عظیم ترین قوت رکھنے والی محبت سے سرشار اور شادکام ہو جائیں۔ پیار اور اُنس اور دولتِ الطاف وکرم سے مالا مال ہو جائیں۔ ہمیں وہ یکسوئی محبت عطا ہو جائے

کہ ہم جب چاہیں اپنی رُوح کو ایک واحد شے پر اس قدر مرکوز کر دیں کہ ہمیں اپنی سُدھ بدھ تک نہ رہے۔ ہم اپنے آپ میں سما جائیں اور ایک ایسے عالم فنا میں پہنچ جائیں جہاں ہمارا مَن مٹ جائے۔ ہم دوسروں کی خاطر مر مٹیں۔ کاش ہمارا دامنِ دل فرشتوں اور دیوتاؤں کی بخشش اور طاقت کو پا سکے بلکہ ہم محبت و اُلفت میں فرشتوں اور دیوتاؤں سے بھی کہیں آگے نکل جائیں۔ مردِ کامل تو وہی ہے جو محبت کی ساری کائنات کو اپنی رُوح میں گھول کر دوسروں سے پیار کرتا ہے۔ لیکن اس کے باوجود وہ سب سے بے تعلق بے لوث اور بے نیاز ہوتا ہے۔ یہ قدرت کیسے حاصل ہوتی ہے؟ سمجھنے کی بات تو یہی ہے۔

بھکاری کبھی مسرور و شادکام نہیں ہوتا۔ جھولی اور دامن پھیلا کر بھکاری دوسروں سے خیرات اور بخشش مانگتا ہے لیکن یہ خیرات، در بخشش کبھی ہمدردی اور رحم دلی سے ملتی ہے تو کبھی حقارت و نفرت کے ساتھ۔ یہ نہ ہو تو کم از کم یہ خیال تو ضرور کار فرما ہوتا ہے کہ بھکاری حقیر و ذلیل ہے۔ یہی وجہ ہے کہ بھکاری کو جو کچھ نصیب ہوتا ہے، جو کچھ اس کے کشکول میں پڑتا ہے، اس سے وہ سرشار اور شادکام نہیں ہو سکتا۔

ہم سب بھکاری ہیں ہمارے ہر ایک قول و فعل میں صلہ اور عوضانہ کی طلب چھپی ہوتی ہے۔ ہم جو کچھ کرتے ہیں فائدہ اور نفع کی خاطر کرتے ہیں۔ ہم سب تاجر ہیں، زندگیوں اور جانوں کے بیوپاری، حسن و سیرت اور نیکی و اخلاق کے بیوپاری۔ دین و ایمان کے بیوپاری، مذہب اور دھرم کے بیوپاری۔ یہیں پر بس نہیں۔ جائے افسوس یہ ہے کہ ہم محبت و اُلفت کے بھی بیوپاری ہیں۔ حالانکہ محبت تجارت نہیں، یہ جنس، سودا بازی کی جنس نہیں۔ محبت لوٹتی نہیں، لٹاتی ہے۔ لیتی نہیں، دیتی ہے۔ قرار محبت کا حصہ ہے، تسکین اس کی دولت ہے، اعتماد اس کا سرمایہ ہے۔ لیکن تجارت میں یہ سرشاریاں کہاں؟

اور اگر ہم اسے تجارت سمجھ لیں۔ لین دین کا ہی معاملہ ہے۔ طلب و قیمت کا ہی رشتہ ہے، خرید کا ہی قصہ ہے تو پھر دستورِ تجارت پر ہی عمل کیجئے۔ اور خرید و فروخت کے اصولوں کو مشعلِ ہدایت بنائیے۔ تجارت میں اچھے دن بھی آتے ہیں، اور بُرے بھی۔ قیمتوں میں اُتار چڑھاؤ بھی آتا ہے، بلکہ ہر تاجر کو ہر وقت یہ اندیشہ دامن گیر رہتا ہے کہ نہ جانے کب مندہ آ جائے۔ تجارت کیا ہے؟ آئینہ میں اپنا مُنہ دیکھنا۔ آئینہ میں آپ کی ہی صُورت کا عکس نظر آتا ہے۔ آپ مُنہ بنائیں گے تو آئینہ مُنہ بنائے گا۔ آپ تیور چڑھائیں گے تو آئینہ تیور چڑھائے گا۔ آپ ہنسیں گے تو آئینہ ہنسے گا۔ آپ روئیں گے تو آئینہ روئے گا۔ یہ سودا بازی نہیں تو اور کیا ہے؟ ایک ہاتھ دیتے ہیں، دوسرے ہاتھ لیتے ہیں ایک ہاتھ بیچتے ہیں، دوسرے ہاتھ خریدتے ہیں!!!

کبھی سوچا آپ نے کہ ہم کیوں پھنس جاتے ہیں، کیوں اسیرِ غلام بن جاتے ہیں ؟ اس وجہ سے نہیں کہ ہم کیا دیتے ہیں، بلکہ اس وجہ سے ہم کیا طلب کرتے ہیں ۔ہمیں محبت کے بدلہ میں بھی نامرادی اور وفا کے بدلے جفا ملتی ہے ۔ اس لیے ہی کہ ہم نے محبت کی بلکہ اس لیے کہ ہم نے محبت کی آڑ میں سودا بازی کی تجارت کی ۔ ہم نے محبت دے کر اس کا عوضانہ لینا چاہا لیکن جہاں طلب اور آرزو ہی نہیں ۔ وہاں رنج و عذاب کہاں سے آئے گا ۔کرب و درد کہاں ہوگا ۔محرومی اور نامرادی کہاں سے آئے گی ؟ یہ اُمید و آرزو ہی سب دُکھوں اور سب مصیبتوں کی ماں ہے ۔ ہر طلب، اُمید کامیابی اور ناکامی کے آئین و قانون کی پابند ہے ۔ہر آرزو ایک آفت لاتی ہے ۔ ہر طلب ایک مصیبت سہیڑتی ہے ۔ ہر اُمید ایک نامرادی کو دعوت دیتی ہے ۔

ظاہر ہے کہ سچی راحت اور حقیقی مسرت کا راز اس بات میں ہے کہ انسان کچھ دے تو اس کا عوضانہ طلب نہ کرے ۔ امرِ واقع یہ ہے کہ مکمّل طور پر بے غرض انسان ہی سب سے زیادہ مسرور و سرشار ہوتا ہے اور اس کی زندگی کامیابیوں اور کامرانیوں سے، راحتوں اور مسرتوں سے جڑی ہوتی ہے ۔

بظاہر یہ بات خلافِ قیاس و بعید از عقل و واقع نظر آتی ہے ۔کیا ہم نہیں دیکھتے کہ سادہ لوح اور بے غرض انسانوں کو دھوکا دیا گیا ۔ اُنہیں نقصان پہنچایا گیا ؟ ظاہر ہے کہ اس سوال کا جواب اثبات میں ہے بھگوان بُدھ بے غرض اور بے لوث تھے لیکن اُنہیں مار ڈالا گیا ۔سقراط بے غرض اور بے لوث تھا اُسے زہر کا پیالہ پلا دیا گیا ۔حضرت عیسٰی بے غرض اور بے لوث تھے لیکن اُنہیں تختۂ دار پر لٹکا دیا گیا ۔ دُرست ہے ۔ اور بجا ہے ۔لیکن ہمیں یہ بات ہرگز فراموش نہیں کرنی چاہیئے کہ یہ اُن کی بے غرضی بے نیازی اور نشکا متا تھی جس کے صدقے جس کے طفیل انہیں اس قدر عظیم الشان کامیابی ملی کہ لاکھوں اور کروڑوں زندگیوں کو سچی دولت سے مالا مال کر دیا ۔ اور ان کے دامنوں کو خوشیوں اور حقیقی مسرتوں سے بھر دیا ۔

دامنِ اُمید نہ پھیلاؤ، دستِ سوال دراز نہ کرو ۔ عوض اور بدلہ نہ مانگو ۔جو کچھ دے سکتے ہو، دے دو جو کچھ لُٹا سکتے ہو، لُٹا دو ۔ جو دو گے، لوٹ کر آپ تک آئے گا ۔ جو لُٹاؤ گے آپ کو پھر واپس مل جائے گا ۔لیکن معاوضہ اور بدلہ کی ہر آرزو کی اور ہر اُمید کی مسرت دل سے نکال دو ۔یقین رکھو کہ جو کچھ دو گے ۔ ہزار گُنا ہو کر تمہیں واپس ملے گا ۔لیکن سرِ دست اس کا خواب و خیال بھی دل سے نکال دو ۔تمہیں دینے کی توفیق حاصل ہے تو دو ۔ تمہارا کام دینا ہی تھا، سو ختم ہوا ۔آگے کی مالک جانے ۔ سیکھنی ہے تو یہ بات سیکھو کہ یہ ساری زندگی دینے کے لیئے ہے ۔آپ نہ دینگے تو نظامِ قدرت آپ کو دینے پر مجبور کر دے گا ۔ پھر کیوں نہیں رضامندی اور خوشی سے دیتے ۔ جلد یا بدیر تمہیں سب کچھ دینا ہی پڑے گا ۔

کتنی حسرت ناک ہے ۔ زندگی تمہاری ۔تم دُنیا میں آئے تو سمجھ بیٹھے کہ ہم جوڑنے کے لیے آئے ہیں ۔ تم

دونوں مٹھیاں بھر کر اس دُنیا سے جانا چاہتے ہو۔ لیکن قدرت تمہارے گلے پر قضا کا ہاتھ رکھ دیتی ہے اور تمہاری کی مٹھیاں کھلوا دیتی ہے۔ یہاں تمہاری مرضی اور تسلیم و رضا کا سوال ہی نہیں۔ تمہارا دل مانے یا نہ، تمہیں دینا ہی پڑے گا۔ جوں ہی تم نے کہا کہ "میں نہیں دوں گا" قہر و قضا کا مُکا تمہاری گردن پر پڑ جائے گا۔ کس میں تاب و طاقت ہے کہ اس قاعدے اور قانون سے بچ سکے۔ بالآخر تمہیں سب کچھ دینا پڑے گا اور دُنیا سے خالی ہاتھ جانا پڑے گا۔ جتنا کوئی اس دستورِ فطرت اور آئینِ قدرت کے خلاف جدوجہد کرتا ہے، اتنا ہی لیا دُ ذلیل و خوار ہوتا ہے۔ ہماری شامتِ اعمال، کلفت و ہلاکت کی وجہ یہی ہے کہ ہم دینے کی سعادت حاصل نہیں کرتے۔ ہم قدرت کے اس عظیم دستور اور فطرت کے اس بنیادی تقاضے کو تسلیم اور قبول نہیں کرتے۔

دیکھتے نہیں کہ سارا نظامِ قدرت لینے اور دینے کے دستور ہی کا پابند ہے۔ سُورج کو ہی دیکھو یہ اپنی شعاؤں سے پانی کے بخارات بنا کر کھینچ لیتا ہے۔ لیکن اس کے عوض ابرِ رحمت برساتا ہے، ندیوں، نالوں اور دریاؤں کو دیکھو، دیوانہ وار اپنا پانی سمندر کی آغوش میں پھینکنے کے لیے رواں دواں بہتے چلے جا رہے ہیں لیکن کیا دینے سے اُن کا دامن خالی ہو جاتا ہے؟ نہیں! قدرت کے ہاتھ اُن کے دامنوں کو پانی کی نئی روانیوں اور جولانیوں سے سرشار کرتے چلے جاتے ہیں۔ کسی نے راہِ اخراج کو بند کیا نہیں۔ کہ ہلاکت و قضا آئی نہیں۔ جس کمرے میں تم بیٹھے ہو۔ اُسے لے لیجیے۔ اُس کے اندر جو ہوا بھری ہوئی ہے۔ جتنی جلدی اسے باہر خارج کرو گے۔ اتنی جلدی تر و تازہ ہوا اندر آئے گی لیکن اگر تم نے اس کمرے کی تمام دروازوں اور کھڑکیوں کو بند کر دیا اور تازہ ہوا کے اندر آنے کی سب راہیں بند کر دیں اور جو ہوا اندر ہے اُسے اندر ہی قید و بند کر دیا تو اس ہوا میں جمود، سڑاند اور بُو پیدا ہو جائے گی اور یہ زہر آلود بن کر رہ جائے گی۔

اِس لیے میں کہتا ہوں کہ بھکاری نہ بنو۔ داتا بنو۔ بے نیاز اور نیشکام۔ لیکن یہ کام آسان نہیں۔ جان جوکھم کا کام ہے۔ بہت کٹھن۔ کون کہہ سکتا ہے کہ اس راہ پر چلتے ہوئے کس قدم پر کس خطرہ و دُشواری کا مُنہ دیکھنا پڑے۔ اور اگر ہم ذہنی طور پر ان خطروں اور دُشواریوں کے لیے تیار بھی ہو جائیں تو اس سے کیا ہوگا؟ ان کی وارفتگی اور شدّت کا مزا تو ان میں سے گزرنے پر ہی ہوگا۔ انگاروں کی طرح تپتے ہوئے ریگ زاروں کے خالی تصوّر سے آبلہ پائی کی لذتوں سے شناسا کیونکر ہوا جا سکتا ہے۔ صحنِ چمن کو ہی لے لو۔ باہر کھڑے ہو کر ہم اس کی وسعت کا اندازہ بھلے ہی لگا لیں۔ لیکن اس کی عطر بیز ہواؤں اور مہکتی فضاؤں کا لطف دسُر در تو اندر جانے سے ہی نصیبِ خاطر ہوگا۔

ہمیں اس بات کا کیا رنج و غم کہ ہماری ہر کوشش ناکام گئی اور ہر سعی، سعیِ لاحاصل ثابت ہوئی

کیا ہوا جو ہمارے پاؤں میں چھالے پڑ گئے اور ان چھالوں اور آبلوں سے خون بہنا شروع ہو گیا۔ معراجِ زندگی تو اِس بات میں ہے کہ ہم ان آفتوں، کلفتوں، عذابوں اور مشکلوں میں بھی خندہ زن رہیں اور اپنے صدق و ایمان کا ثبوت دیں۔

نظامِ قدرت تو ہمیں ردِّ عمل/ جوابی کارروائی کرنا سکھاتا ہے۔ اینٹ کا جواب پتھر سے دو۔ اور کفر و فریب کا جواب کفر و فریب سے دو۔ جعل سازی اور دھوکہ بازی کا جواب جعل سازی اور دھوکہ بازی سے دو۔ یہی نہیں، دستور تو یہ ہے کہ جوابی حملہ پوری شدّت سے کرو۔ کیا پھر اس ردِّ عمل کو روکنا/ جوابی حملہ نہ کرنا کہیں زیادہ برتر، اعلیٰ اور خداداد طاقت کا تقاضا نہیں کرتا۔ اپنے آپ پر ضبط رکھنا اور بے نیاز و لاپروا رہنا، سچ مچ غیر معمولی اور خداداد صفت اور وصف ہے۔

میں مشکلوں کو جانتا ہوں یہ ہیبت ناک اور دل ہلا دینے والی ہیں۔ ہم میں نوّے فی صدی انسان انہیں دیکھ کر ہمت ہار بیٹھتے ہیں اور جی چھوڑ دیتے ہیں۔ اور اکثر اور بیشتر حالتوں میں نراشا وادی اور مایوس ہو جاتے ہیں۔ اور خلوص و محبت پر اور اعلیٰ اخلاقی قدروں پر اعتبار کرنا چھوڑ بیٹھتے ہیں۔ کئی بار ہم نے ایسے انسان بھی دیکھے ہیں جو زندگی کی ابتدا میں رحم دل، سادہ لوح لبے ریا اور مہر و محبت کے پیکر ہوا کرتے تھے۔ لیکن عہد پیری میں صرف انسانی جامہ پہننے کے سزاوار بن کر رہ گئے۔ ان کے دِلوں میں فساد اور ان کی نیتوں میں فتور بھر جاتا ہے۔ ان کی تمازت خون سرد پڑ جاتی ہے۔ اور حرارتِ زندگی ماند پڑ جاتی ہے۔ حتےٰ کہ وہ بہت کم بول چال کرتے ہیں۔ لیکن اس خاموشی سے بولنا کہیں اچھا ہوتا ہے لیکن وہ کیا کریں؟ ان کے دل ہی مُردہ ہو جاتے ہیں۔ تب وہ بولیں بھی تو کیسے بولیں؟ نہ وہ کسی پر غصہ ہوتے ہیں اور نہ کسی کی لعنت و پھٹکار کرتے ہیں۔ مجھ سے پوچھیئے تو میں کہوں گا۔ کہ وہ اگر غصہ کریں تو بہت بہتر ہے اس خاموشی سے۔ اُن کا غصہ سے بولنا، دوسروں کو لعن طعن کرنا، ہزار ہا گنا اچھا۔ لیکن وہ ایسا نہیں کر سکتے۔ کیونکہ موت ان کے دلوں میں جاگزیں ہو چکی ہے۔ قضا کے سرد ہاتھوں نے اُن کی رُوح کو دبوچ لیا ہے۔ یہی وجہ ہے کہ اَب ان میں حس و حرکت نہیں۔ حتیٰ کہ وہ نہ لعن طعن کر سکتے ہیں اور نہ زبان سے میٹھا تو کیا کڑوا لفظ بھی ادا نہیں کر سکتے۔

ہمیں اِن سب باتوں سے بچنا ہو گا، اسی لیے تو میں کہتا ہوں کہ ہمیں برتر، اعلیٰ اور خداداد قوت کی ضرورت ہے۔ غیر معمولی اِنسانی طاقت کافی و وافی نہیں۔ اعلیٰ خدائی قُوّت ہی درکار ہے اور صرف اسی کے حصول میں راہِ نجات مضمر ہے۔ ہم اس قوت کے بَل بوتے پر ہی ان بھُول بھلیوں میں سے گذر سکیں گے یا آفتوں اور عذابوں کی بارش کا سامنا کر سکیں گے۔ اور ان سب شعلوں اور انگاروں سے بے رنج اور بے داغ نکل سکیں گے خواہ ہمیں پرزہ پرزہ کر دیا جائے۔ خواہ ہمیں ٹکڑے ٹکڑے کر دیا جائے۔ ہماری تکا بوٹی کر دی

جائے لیکن ہمارے دل مسلسل اور پیہم نیک وپاک بنتے چلے جانے چاہئیں ایسا کرنا بہت دشوار ہے لیکن مسلسل مشق اور پیہم مہارت سے ہم اس دشواری اور مشکل کو آسان بنا سکتے ہیں۔ اس کے لئے ہمیں یہ گُر سیکھنا ہوگا کہ کوئی بھی ہمارا اس وقت تک کچھ بھی نہیں بگاڑ سکتا، تاوقتیکہ ہم زود حس نہ ہوں۔ میں ابھی ابھی کہہ چکا ہوں کہ کوئی بیماری مجھے اس وقت تک نہیں لگ سکتی۔ جب تک میرا جسم اس کے لیے تیار اور آمادہ نہ ہو۔ بیماری محض جراثیم کی وجہ سے ہی نہیں لگتی۔ اس کی ایک ضروری شرط یہ بھی ہے کہ جسم میں پہلے سے ہی اس بیماری کو اثر قبول کرنے کی حالت پیدا ہو چکی ہو۔ ہمیں وہی کچھ نصیب ہوتا ہے جس کے ہم اہل ہوتے ہیں۔ آیئے ہم گھمنڈ اور تکبر کو بالائے طاق رکھ کر اس حقیقت کو اپنے پلّے باندھ لیں کہ ہمیں کوئی رنج وعذاب بے سبب اور ناحق نہیں ملتا۔ کوئی مشکل اور دشواری ہمیں ایسی نہیں ملتی، جس کے لیے ہم سزاوار نہ ہوں۔ کوئی کلفت ایسی آتی جس کے لیے ہم نے خود اپنے ہاتھوں سے راہیں استوار نہ کی ہوں۔ یہ راز ہمیں اچھی طرح سے جان لینا چاہیے۔ اپنے آپ اور اپنے گرد وپیش کی چھان بین کیجیے۔ آپ دیکھیں گے کہ جو صدمہ ہم کو سہنا پڑا، جو زخم ہم کو کھانا پڑا۔ ہم نے خود اپنے ہاتھوں سے اس کے لیے راہیں استوار کی تھیں۔ آدھا کام ہم نے کیا، باقی کا آدھا دُنیا نے کر دیا۔ ہر دُکھ اس طرح بنا، ہر آفت نے اسی طرح جنم لیا، ہر عذاب اِسی طرح وجود میں آیا۔

اِس تجزیہ سے ہمیں سکون و قرار ملے گا۔ اُمید و حوصلہ کا پیغام ملے گا۔ مجھے باہر کی دُنیا پر کوئی اختیار نہیں لیکن جو کچھ میرے اندر ہے، میرے نزدیک ہے، میری دُنیا میں ہے۔ میری دُنیا میں بساط اور میری ہمت میں ہے اس پر تو مجھے اختیار حاصل ہے۔ چونکہ میری ہر ناکامی دونوں وجوہات سے وجود میں آتی ہے۔ اور ہر صدمہ کے پیچھے یہ دونوں پیغام فرما ہوتی ہیں۔ اِس لیے میں ہر ناکامی پر آفت، اور ہر صدمہ کی پیش بندی کے لیے اپنا حصہ نہیں ڈالوں گا۔ اگر میں نے سچے معنوں میں اپنے اوپر اختیار حاصل کر لیا تو مجھے کوئی تکلیف نہیں ستا سکتی۔ کوئی مشکل میرا راستہ روک نہیں سکتی، کوئی صدمہ مجھے نمناک اور سوگوار نہیں بنا سکتا۔

لیکن بچپن سے ہی ایک بات ہماری جزوِ فطرت سی بن چکی ہے۔ اور وہ یہ کہ ہم دوسروں کو موردِ الزام ٹھہراتے ہیں۔ ہر وقت ہم دوسروں کی اصلاح کے لیے تیار رہتے ہیں۔ اپنی اصلاح کی کوشش ہی نہیں۔ اگر ہم کسی رنج وغم میں گھرے ہوئے ہوں تو ہم فوراً کہہ اٹھتے ہیں۔ یہ دُنیا دکھوں کی کان ہے مصیبتوں کا گھر ہے۔ لیکن یہ بات ہمارے ذہن میں ایک بار بھی نہیں آتی۔ کہ اگر فی الواقع ہی دُنیا بھی ایسی نہیں تو پھر ہم اس دُنیا میں کیوں آئے۔ اگر یہ دُنیا بے ایمانوں اور بُرے اور بدانسانوں کے لیے ہی ہے تو یقینی طور پر ہم خود بھی بُرے اور بد ہوں گے۔ ورنہ ہم یہاں کیوں آتے۔ ہم کہتے ہیں کہ دُنیا خود غرضوں کی آماجگاہ ہے، درست

اوربیجا، لیکن ہم اگر اچھے ہوتے تو ان کے دوش بدوش اور ہم رکاب کیوں ہوتے ؟ ذرا سوچیئے تو سہی ؟
حق تو یہ ہے کہ جو کچھ بوتے ہیں وہی کچھ کاٹتے ہیں۔ جب ہم یہ کہتے ہیں کہ یہ دُنیا بُری ہے اور ہم اچھے ہیں تو سفید جھوٹ بولتے ہیں۔ ناممکن سی بات ہے۔ اس سے زیادہ لرزہ خیز دروغ بیانی ہم کیا کر سکتے ہیں ؟
سب سے پہلا سبق جو ہمیں سیکھنا ہے یہی ہے کہ تہیہ کرلو کہ دوسروں کو الزام مت دو۔ دوسروں پر تہمتیں نہ جڑو۔ دوسروں کو لعن طعن نہ کرو۔ مرد بنکر کھڑے ہو جایئے اور سب قصور اپنے اوپر لو۔ اور یہ بات ہے بھی درست، اس میں رتی بھی شک و شبہ نہیں رہنا چاہیئے۔ کمر ہمت باندھ، مرد میدان بنو۔
ضرورت اس بات کی ہے کہ ہم سر دست دوسروں کی اصلاح و بہبود کا خیال دل سے ترک کرکے اپنا دھیان کریں۔ اپنی فلاح و بہبود کی سوچیں۔ اسباب کو پایۂ تکمیل تک پہنچا دیں تو مقصد خود اپنی سدھ لے لیگا۔ یہ دُنیا اچھی بھی بن سکتی ہے۔ اور نیک بھی، بشرطیکہ ہماری اپنی زندگیاں اچھی اور نیک بن جائیں۔ ہم اگر علت بن جائیں تو یہ معلول ہو جائے گی۔ اس لیے آیئے ہم اپنے کو نیکوکار بنائیں اور اپنے آپ کو کامل انسان بنائیں۔

تعلیمِ نسواں

سمجھ میں نہیں آتا کہ اس ملک میں مرد اور عورت کے درمیان اس قدر فرق و امتیاز کیوں روا رکھا جاتا ہے۔ حالانکہ ویدانت یہ کہتا ہے کہ سب صورتوں میں وہی ایک ابدی اور ازلی نور جلوہ افروز ہے۔ مردوں نے سمرتیاں لکھ کر اور سخت قاعدے قانون بنا کر عورتوں کو بچے جننے والی مشین بنا کر رکھ دیا ہے۔ زمانۂ زوال میں جب پنڈتوں اور پجاریوں نے دوسری سب جاتیوں کو وید پڑھنے کی ممانعت کر دی تب انہوں نے عورتوں کو بھی اُن کے حقوق سے محروم کر دیا۔ ویدوں اور اپنشدوں کے دور میں ہم میتری اور گارگی اور دوسری کتنی ہی دیویوں کو رشیوں کی جگہ سنبھالے دیکھتے ہیں۔ ہزاروں برہمنوں کی سبھا میں جہاں سب ویدوں کے عالم فاضل رونق افروز تھے یہ گارگی تھی جس نے جرأت کے ساتھ یاگیولکیہ کو برہم کے بارے میں بحث مناظرہ کرنے کے لئے للکارا تھا۔

جن ملکوں نے بھی ترقی کی ہے انہوں نے عورتوں کو خاطر خواہ عزت و توقیر دے کر کی۔ وہ ملک اور صرف وہ ملک جس نے عورت کی عزت و توقیر نہ کی نہ ترقی کر سکتا ہے اور نہ مستقبل میں کبھی ترقی کر سکے گا یا بامِ عروج پر پہنچ سکے گا۔ شکتی کا سچا پجاری وہی ہے جو اس بھید اور راز سے بخوبی واقف ہے کہ ایشور کی ستّا اور شکتی ہی کل کائنات میں جلوہ گر ہے اور جو عورت کو اس شکتی اور اس طاقت کا اظہارِ کمال تصور کرتا ہے۔ امریکہ اور مغرب کے دوسرے ملکوں میں مرد عورتوں کو اسی نقطۂ نظر سے دیکھتے اور ان کی خاطر خواہ عزت و توقیر کرتے ہیں۔ اور یہی وجہ ہے کہ وہ ترقی یافتہ ہیں، خوش حال ہیں، آزاد ہیں، صاحبِ عمل اور سرگرمِ کار ہیں۔ ہمارے زوال اور ہماری ذلت و پستی کی سب سے بڑی وجہ یہ تھی کہ ہم نے شکتی کی ان جیتی جاگتی مورتوں اور صورتوں کی عزت و توقیر کرنا چھوڑ دیا۔ منو مہاراج کہتے ہیں کہ "جہاں عورتوں کی عزت و توقیر کی جاتی ہے۔ ان کی پوجا کی جاتی ہے۔ وہاں دیوتا اور

فرشتے بستے ہیں اور جہاں ایسا نہیں ہوتا وہاں سب عرق ریزی اور محنت و مشقت کے باوجود بدبختی اور شامت اعمال کی وجہ سے کچھ بھی نہیں بنتا۔ اس گھرانے اور ملک کی حالت کبھی نہیں سُدھر سکتی جہاں عورتیں رنج و غم میں ڈوبی رہتی ہوں۔

عورتوں کے مسائل بے شمار اور بہت سنجیدہ ہیں لیکن ان میں سے ایک بھی مسئلہ ایسا نہیں جسے جادوئی لفظ "تعلیم" سے حل نہ کیا جا سکے۔ ہمارے مشہور آئین دان منو مہاراج کہتے ہیں کہ لڑکیوں کی تعلیم و تربیت پر اُسی قدر توجہ دی جانی چاہئے جس قدر لڑکوں کو دی جاتی ہے، جس طرح لڑکوں کو تیس برس تک برہمچریہ پالن کرنے کے بعد شادی کرنی چاہئیے اسی طرح لڑکیوں کو بھی ماں باپ کی طرف سے ایسی ہی تعلیم دی جانی چاہئیے اور انہیں برہمچریہ پالن کرنے کی ہدایت دی جانی چاہئیے لیکن ہمارا طرزِ عمل کیا ہے؟ ہم انہیں بے چارگی، بے ہمتی اور دوسروں کی غلامی اور دُوسروں کے ہاتھوں کی طرف دیکھنے کی ہی تعلیم دیتے ہیں اور یہی وجہ ہے کہ ہلکی سی مصیبت یا ذرا سی مشکل کی آہٹ پا کر وُہ اشک ریزی اور گریہ و زاری شروع کر دیتی ہیں۔ ہمیں چاہئیے کہ ہم عورتوں کو اس قابل بنا دیں کہ وہ اپنے مسائل کو خود اپنی مرضی کے مطابق حل کر سکیں۔ ہماری ہندوستانی عورتیں کسی بھی اعتبار سے بھی دنیا کی عورتوں سے کم نہیں ان کی طرح یہ بھی ہر کام کر سکتی ہیں۔

عورتوں میں ایسی تعلیم کو فروغ دینا چاہئیے جس کی بنیاد دین و مذہب ہو۔ دُوسری قسم کی تعلیم مذہب دھرم کی تعلیم کے بعد ثانوی حیثیت رکھنے والی ہونی چاہئیے۔ مذہبی تعلیم، تعمیر اخلاق، اور برہمچریہ پالن، ان باتوں پر زیادہ زور دینا چاہئیے۔ ہماری ہندو عورتیں بخوبی جانتی ہیں کہ پاکیزگی اور پاک دامنی کسے کہتے ہیں کیونکہ یہ خوبیاں انہیں ورثہ میں ملتی ہیں سب سے پہلے انہیں پاکیزگی اور پاک دامنی کی ہی تعلیم دیجئے، تاکہ وہ ایسی سیرت اور اخلاق تعمیر کر سکیں جس کے بل بوتے پر وہ اپنی زندگی کے ہر دور میں خواہ شادی شدہ ہوں یا خواہ اپنی مرضی سے کنواری رہیں۔ پاکدامنی اور پاکیزگی کی راہ سے ایک انچ بھی اِدھر اُدھر ہونے کی بجائے اپنی جان پر کھیل جائیں اور ضرورت پڑے تو اپنی زندگی کی آہُوتی دیدیں۔

ہندوستان کی عورتوں کو سیتا کے نقشِ قدم پر چلتے ہوئے اپنی ترقی و تعمیر کرنی چاہئیے۔ سیتا آدرش عورت تھی جس کی سیرت بے نظیر، جس کا اخلاق بے مثال، جس کی زندگی مثالی زندگی تھی وہ سچے معنوں میں ایک ہندوستانی عورت تھی، کیونکہ ہندوستان کی باکمال آدرش عورتوں میں جتنی خوبیاں ہوتی ہیں۔ اکیلی سیتا کی زندگی ان سب کا مجموعہ اور پیکر تھی اپنی ان خوبیوں اور صفتوں کی وجہ سے ان کے لئے ہزاروں، لاکھوں برسوں سے آریہ ورت کے طول و عرض کے ایک ایک آدمی، ایک ایک عورت اور ایک ایک بچے کیلئے تعظیم و احترام، شردھا اور پُوجا کا مرکز بنی ہوئی ہے اور ہمیشہ بنی رہے گی وہ مہان اور عظیم المرتبہ سیتا جو روحانی حُسن و جمال کا شاہکار تھی، پاکیزگی

سے بھی زیادہ پاک، پاک دامنی سے بھی زیادہ پاک دامن۔ صبر و استقلال کی پیکر۔ تپ کی مورتی تھی' جس نے شکوہ شکایت ایک لفظ منہ سے نکالے ہوئے بنا زندگی بھر تپ کیا' دکھ اور درد کو سہا' ایک نیک بیوی اور رفیقۂ حیات بنی جو ہمارے لوگوں کے لئے آدرش ہے جو ہماری قوم و ملک کے لئے بے مثال قابلِ پرستش دیوی ہے۔ ایسی سیتا ہماری ہمیشہ ہمیشہ ہمارے آدرشوں میں جگمگاتی رہنی چاہیئے۔ سچ تو یہ ہے کہ اس کی یاد اور اُن کے لئے شردھا ہماری نسل کی رگ و پے میں سرائت کر چکی ہے۔ ہماری عورتوں کو عصرِ نو کے جدید سانچوں میں ڈھالنے کی ہر کوشش جس کا مقصد ہماری عورتوں کو سیتا کے آدرش سے پرے ہٹا دینا ہے' لازمی اور فوری طور پر ناکام ہو کر رہے گی۔ ہر روز کے مشاہدے ہمیں یہی کچھ بتاتے ہیں ÷

اس زمانے کی ضرورتوں اور تقاضوں کو دیکھتے ہوئے اس بات کی اشد ضرورت ہے کہ بعض دیویاں' بعض عورتیں' ترکِ دنیا اور نفس کشی' تپ اور ویراگیہ کے آدرشوں کے سانچے میں ڈھلی زندگی گذاریں۔ وہ اس بات کا قول و عہد کرلیں کہ وہ زندگی بھر کنواری رہیں گی اور اس بیتے اور نورِ ایمان سے جو انہیں تاریخ کے دھندلکوں میں لپٹے ہوئے پرانے زمانوں سے ورثہ میں ملی دولت پاکدامنی پاکیزگی سے حاصل ہوا ہے ایک جگمگاتی شمعِ ہدایت بن جائیں۔ ہماری مادرِ وطن کی عظمت و تقدیس اس بات کا تقاضا کرتی ہے کہ اس کے کچھ بچے اور بچیاں برہمچاری اور برہمچارنیں بن کر گذاریں۔ اگر ان عورتوں میں سے ایک بھی برہم وتیا بن گئی' واصلِ خدا ہو گئی تب وہ اپنی جگمگاتی اور نور افشاں زندگی کے پُر نور اثر سے ہزاروں دوسری عورتوں کو تلاشِ حق کی راہ پر ڈال سکیں گی اور انہیں متاثر کر سکیں گی اور اس سے لازمی طور پر سماج اور ملک کو فلاح و بہبود حاصل ہو گی ÷

سیرت و اخلاق کی دولت سے مالا مال ایسی برہمچارنوں کو تعلیم و تدریس کا کام کرنا چاہیئے۔ انہیں تعلیمِ نسواں کی توسیع و ترقی کے لئے گاؤں گاؤں اور شہر شہر مرکز کھولنے چاہئیں۔ سیرت و اخلاق سکھانے والی ان صادق و مخلص ہدایت کی شمعوں کی بدولت سارے ملک میں تعلیمِ نسواں کا حقیقی فروغ ہو گا۔ عورتوں کو تاریخ کے علاوہ پُرانوں کی' گھر گرہستی کے فرائض کو حُسنِ خلوص سے ادا کرنے کی تعلیم بھی دی جانی چاہیئے۔ انہیں بتانا چاہیئے کہ کن اصولوں کی بدولت سیرت و اخلاق کی تعمیر ہوتی ہے۔ گھر کو سلیقہ سے کس طرح رکھا جانا چاہیئے اور خرچ اخراجات کو کس طریقہ سے ٹھیک چلایا جا سکتا ہے اس کے ساتھ ساتھ انہیں فنونِ لطیفہ کی تعلیم دی جانی چاہیئے۔ اس کے علاوہ انہیں سینے پرونے' گھر کا کام کاج کرنے کا فن اور بچوں کی دیکھ بھال کرنے کا سلیقہ اور علم بھی سکھایا جانا چاہیئے ÷

لیکن اس تعلیم کا ناگزیر اور لازمی حصہ جپ (ورد) پُوجا (پرستش) سادھنا (عبادت) کا ہونا چاہیئے۔ عورتوں کو دوسری باتوں کے علاوہ شیر دلی اور شجاعت بھی حاصل کرنی چاہیئے۔ آج کے زمانے

میں انہیں یہ سکھنا چاہیئے کہ وہ اپنی حفاظت کرسکیں اور وہ اپنی عزت و آبرو اور وطن و قوم کی آزادی کی نگہداشت کرسکیں۔ جھانسی کی رانی کتنی عظیم المرتبہ اور پر شکوہ تھی۔ آج ہمارے وطن و ملک کو ایسی ہی نڈر، بے خوف عورتوں کی جو سنگمترا، لیلا، اہلیہ بائی اور میراں بائی کی روایات کو جاری ساری رکھ سکیں۔ ایسی عورتوں کی جو غازی مردوں، برگزیدہ انسانوں، فرشتہ سیرت آدمیوں اور شورماؤں کی مائیں بننے کے قابل ہوں، ایسی عورتوں کی جن میں وہ طاقت اور قوت موجزن ہو جو طاقت ایشور کے پاؤں چھو لینے سے حاصل ہوسکتی ہے۔ ہمارا فرض ہے کہ ہم انہیں ایسی تعلیم و تربیت دیدیں کہ وقت پڑنے پر وہ اپنے گھر بار کی ساری ذمہ داری سنبھال سکیں اور اُس کی حفاظت کرسکیں جن ایسی ماؤں کے بچے ہی ان خوبیوں اور صفتوں میں اور بھی ترقی کرسکتے ہیں اور اپنی خداداد ذہانت اور صلاحیت کی وجہ سے ساری دنیا میں امتیازی شان پیدا کرسکیں گے صرف پڑھی لکھی، نیکوکار، پارسا اور پاک دامن ماؤں کے گھروں میں ہی بڑے انسان پیدا ہوتے ہیں۔

اگر عورتوں کی حوصلہ افزائی کی جائے انہیں ترقی کرنے دیں تو ان کے بچے اپنے شاندار اور رفیع الشان کارناموں کی بدولت ملک و وطن کی عزت کو چار چاند لگا دیں گے اور دیش کے گوشہ گوشہ اور کونہ کونہ میں تہذیب تمدن، علم و فہم، طاقت اور ہمت، بھگتی اور وفاداری سب مل کر ایک نئی بیداری پیدا کردیں گے اور ملک و قوم کو نئی رفعتوں اور نئی عظمتیں عطا کردیں گے۔

عوام کی تعلیم

جب کبھی میں ہندوستان کے غریبوں اور پسماندہ لوگوں کی حالتِ زار کے متعلق سوچتا ہوں تو میرا کلیجہ منہ کو آتا ہے اور دل و جگر درد و کرب سے کراہنے لگتا ہے۔ آئے دن یہ اور بھی گہری پستی میں گرتے جاتے ہیں۔ بیرحم اور سنگدل معاشرہ نے ان پر جو کاری ضرب لگائی ہے، وہ اُسے محسوس تو کرتے ہیں لیکن یہ نہیں جانتے کہ یہ ضرب ان پر کب پڑتی ہے۔ شدتِ غم اور دحشتِ روزگار کی وجہ سے انہیں یہ بھی یاد نہیں کہ وُہ بھی انسان ہیں میرا دل درد سے اس قدر معمور ہے کہ میں اپنے غم واندوہ کو بیان بھی نہیں کرسکتا۔ جب تک لاکھوں لوگ بھوک اور غربت اور جہالت کی تاریکیوں میں پڑے ہوئے ہیں میں ہر اس شخص کو غدار اور ننگِ وطن سمجھتا ہوں جو ان کے خرچ پر پڑھ لکھ جانے کے باوجود ان کی طرف توجہ نہیں دیتا۔ ہمارا سب سے بڑا گناہ یہ ہے کہ ہم عوام کی سُدھ بدھ نہیں لیتے، انہیں بالکل فراموش کردیتے ہیں اور یہی وجہ ہے کہ ہمیں ذلت و خواری تباہی و بربادی، زوال وملال کا مُنہ دیکھنا پڑا۔ سیاست سے اس وقت تک کوئی فائدہ نہیں پہنچ سکتا، جب تک ہندوستان کے عوام الناس ایک دفعہ پھر پڑھے لکھے، کھاتے پیتے اور آسودہ حال نہیں بن جاتے۔

جوں جوں عوام میں علم و ہنر فروغ پاتا جائے گا۔ گری سے گری قوم راہِ ترقی پر آگے بڑھتی چلی جائے گی قوم کی فلاح و بہبود اس بات سے ہی آشکار ہوتی ہے کہ عوام نے تعلیمی شعبہ میں کس قدر ترقی کی ہے۔ ہندوستان کی تباہی و بربادی کی سب سے بڑی وجہ یہ تھی کہ یہاں علم و ہنر تعلیم و تدریس کو چند مُٹھی بھر انسانوں نے اپنی اجارہ داری میں لے لیا۔ اگر ہمیں موجودہ ذلت و پستی سے اوپر اُٹھنا ہے تو ہمارے لئے ضروری ہے کہ ہم عوام میں تعلیم و حکمت کو فروغ دیں۔ ہم اپنے پسماندہ طبقوں کے گھر کی ایک ہی خدمت کرسکتے ہیں اور یہ کہ

انہیں ایسی تعلیم و تربیت دیں کہ وہ انفرادی طور پر ترقی و بہبودی کی منزلیں سر کریں اور بامِ عروج تک پہنچ سکیں اس کے لئے انہیں نئے نئے خیالات سے سرفراز کرنا ہوگا انہیں نتیجہ خیز ولولوں اور اُمنگوں سے مالا مال کرنا ہوگا ان کی آنکھیں کھولنی ہونگی تاکہ وہ دیکھ سکیں کہ ان کے گرد و پیش کی دنیا میں کیسے کیسے تغیرات اور انقلابات رُو نما ہو رہے ہیں تاکہ دوسروں کی دیکھا دیکھی وہ اپنی نجات اور سر بلندی کے لئے کوشاں ہو سکیں۔ ہر ملک و قوم کو، ہر فرد و بشر کو، ہر مرد و زن کو اپنی بہتری و بہبودی، فارغ البالی اور آسودہ حالی کے لئے خود محنت و مشقت کرنی ہوگی ان کے دلوں اور دماغوں کو حیات بخش خیالوں اور ترقی بخش ولولوں سے معمور کر دیجیے" آپ سے وہ صرف یہی امداد مانگتے ہیں باقی سب کچھ تو معلول کی صورت میں ظہور پذیر ہو کر رہے گا۔ ہم یہی کچھ کر سکتے ہیں کہ چند کیمیائی اجزا کو باہم ملا دیں، اکٹھا کر دیں، باقی سب عمل تو قانونِ قدرت کے مطابق خود بخود ہوتا چلا جائیگا۔

میرا ارادہ یہ ہے کہ میں سب سے پہلے رُوحانیت کے ان جواہر پاروں کو جو ہماری کتابوں میں دبے پڑے ہیں یا جنہیں چند افراد نے اپنی قید و حبس میں لے رکھا ہے۔ یا جو جنگلوں، مندروں اور مٹھوں سے چھپے پڑے ہیں۔ ان سب جواہر پاروں کو باہر لا کر رکھ دوں، یہی نہیں میں نہ صرف ان تمام ہاتھوں سے جو انہیں چھپائے ہوئے ہیں، حکمت و دانش کے تمام موتیوں اور جواہر ریزوں کو چھین لینا چاہتا ہوں، بلکہ ثقیل سنسکرت الفاظ کے ناقابل عبور سنگلوں میں دبے ہوئے پند و سُود مند نکال بھی کر عوام تک پہنچاؤں اور انہیں اس چشمہ فیض و کرم سے سیراب کر دوں۔ دوسرے الفاظ میں یوں کہہ لیں کہ میں انہیں مقبولِ عام اور ہر دل عزیز بنانا چاہتا ہوں۔ میں چاہتا ہوں کہ حکمت و دانش، ایمان و اخلاق کے ان اعلیٰ و ارفع اصولوں کو سب میں تقسیم کر دوں یہ اثاثہ جو سب کا سانجھا ہے سب میں تقسیم کر دوں، مالک بنا دوں تاکہ ہندوستان کا ایک ایک انسان خواہ وہ سنسکرت سے بے بہرہ ہو یا شناسا اس سے فیض یاب ہو سکے۔ اس راستے میں سب سے بڑی رکاوٹ سنسکرت زبان ہے۔ میں اس کی عظمت و رفعت سے انکار نہیں کرتا۔ میرے کہنے کا مطلب صرف یہ ہے کہ اکثریت اس سے نابلد ہے۔ اس مشکل کو بھی دُور کیا جا سکتا ہے اگر ساری قوم سنسکرت کے عالموں کی ہو جائے۔ یہ زبان کس قدر مشکل ہے اس کا صحیح اندازہ اس بات سے کر لیجیے کہ میں نے اپنی ساری زندگی اس زبان کے مطالعہ میں صرف کر دی ہے۔ لیکن حالت یہ ہے کہ اب بھی سنسکرت کی کوئی نئی کتاب دیکھوں تو میرے لیے وہ غیر مانوس اور اجنبی سی ہوتی ہے۔ ان لوگوں کے لئے یہ کس قدر مشکل اور دقیق ہوگی جنہوں نے کبھی اُسے اچھی طرح نہیں پڑھا۔

اس لئے ضرورتِ وقت یہ ہے کہ لوگوں کو نئے خیالات ایسی زبان اور بولی میں دیئے جائیں، جنہیں وُہ سمجھ لیں جو اُن کی زبان ہو۔ عوام کو ان کی زبانوں اور بولیوں میں تعلیم و تربیت دیں۔ انہیں نئے نئے خیالات دو جہاں تک معلومات کا تعلق ہے۔ وہ انہیں خود بخود فراہم کر لیں گے۔ بنیادی ضرورت تو اس بات کی ہے کہ

ان کے دلوں میں علم وحکمت کی روشنی سے منور کر دیا ہے لیکن صرف اس سے کام نہیں بنے گا۔ انہیں کچھ اور دینا ہوگا۔ انہیں تہذیب وتمدن سے مالامال اور نہال کیجئے۔ جب تک آپ ان تقاضوں پر پورا نہیں اترتے، اپنے ان فرائض سے سبکدوش نہیں ہوتے تب تک عوام کی حالت سُدھر نہیں سکتی۔

اس کے ساتھ ساتھ سنسکرت کی تعلیم دینے کا سلسلہ بھی جاری رہنا چاہیئے۔ سنسکرت الفاظ کی آواز ہی فخرو افتخار پیدا کر دیتی ہے۔ یہ بھگوان بدھ کی غلطی تھی کہ انہوں نے عوام کو سنسکرت کی تعلیم دینے سے منع کر دیا۔ وہ فوری اور تیز رفتار نتائج چاہتے تھے، اس لئے انہوں نے لوگوں کی زبان حال کو اپنایا۔ یہ ایک بہت بڑا کارنامہ تھا۔ بھگوان بدھ عوام کی زبان اور بولی بولتے تھے۔ اس لئے عوام ان کا مطلب ومفہوم اچھی طرح سمجھ جاتے تھے۔ یہی وجہ تھی ان کے خیالات وافکار تیزی سے دُور دراز تک پھیلتے چلے گئے لیکن ضرورت اس بات کی تھی کہ اس کے ساتھ سنسکرت کی پڑھائی جاری رہتی بھگوان بدھ کے طریقہ کار سے بلاشبہ لوگوں کو علم ضرور ملا لیکن فخر واعزاز نہ مل سکا۔ جب تک آپ سنسکرت کی تعلیم نہیں دیں گے تب تک آپ ایک نئی ذات اور فرق پیدا کرتے چلے جائیں گے۔ ایک ایسی ذات جو سنسکرت زبان کے علم کے بل بوتے پر دُوسروں پر فوقیت لے جائے گی۔

یاد رکھیئے کہ ہندوستانی قوم جھونپڑیاں میں رہتی ہے — وقت کا فرض پکار پکار کر کہہ رہا ہے کہ آپ ملک کے گوشہ گوشہ، کونہ کونہ میں گھوم جائیے، گاؤں گاؤں جائیے، شہر شہر کا چکر لگائیے اور لوگوں کو خواب غفلت سے جھنجھوڑ کر بیدار کر دیجئے، اور انہیں سمجھائیے کہ محض ہاتھ پر ہاتھ دھر کر بیٹھے رہنے سے کچھ نہیں بنے گا انہیں سمجھائیے کہ ان کی اصل حالت کیا ہے اور زبوں حالی میں کیوں کر پھنسے ہوئے ہیں اے میرے بھائیو سب بیدار ہو جاؤ، اٹھ کھڑے ہو جاؤ، جاگ پڑو، نیند کے ماتو کتنی دیر تک سوتے رہو گے؟ ان کے پاس جائیے اور بتائیے کہ وہ اپنی حالتِ زار کو کس طرح سنوار سکتے ہیں۔ اس کے ساتھ ہی انہیں مقبول عام طریقہ سے سیدھے سادہ الفاظ میں بتائیے کہ ہمارے شاستروں میں کیسے کیسے پند سُودمند لکھے ہوئے ہیں ان پر عمل کرو یہ بات ان کے دلوں میں جاگزیں کر وا دیجئے کہ آپ بھی دھرم اور مذہب وایمان پر اتنا ہی حق رکھتے ہیں، جس قدر برہمن رکھتے ہیں۔ ان شعلہ ریز، حیات بخش منتروں سے چنڈالوں تک کو راہ حق وصداقت پر ڈال دیجئے۔ اور انہیں سہل الفاظ میں بتائیے کہ زندگی، تجارت، بیوپار اور کھیتی باڑی وغیرہ کے لئے انہیں کیا کیا کام کرنے ہیں اور کس طرح کرنے ہیں۔

نہ معلوم کتنی صدیوں، کتنے ہزار برسوں سے مختلف قومیں اور ذاتیں، فرمانروا اور غیر ملکی حکمران ان پر جو ہلاکت آفریں کمر توڑ جبر وستم ڈھاتے چلے آئے ہیں، اس سے ان کی ساری قوت اور طاقت سلب ہو چکی ہے۔ ہمت وطاقت حاصل کرنے کے لئے پہلا قدم یہ ہے کہ اپنشدوں کو مشعلِ ہدایت بنائیے اور اس حقیقت پر یقین کیجئے کہ "میں آتما ہوں" تلوار مجھے کاٹ نہیں سکتی۔ کوئی ہتھیار مجھے چیر نہیں سکتا۔ آگ مجھے جلا نہیں سکتی۔ ہوا مجھے تباہ نہیں کر سکتی۔ میں قادر مطلق

(سروشکتی مان) اور ہر جگہ حاضر و ناظر (سرو ویاپک) ہوں۔"

ویدانت کے یہ نظریات اور خیالات و افکار اب جنگلوں اور غاروں سے باہر نکلنے چاہیئے تاکہ زندگی کے ہر شعبہ میں ان کی جلوہ طرازیاں اور معرکہ خیزیاں معمور ہو سکیں۔ کیا وکیل، کیا ڈاکٹر، کیا سائنسدان، کیا حساب دان، سب کے سب انہی نظریات اور خیالات و افکار کو مشعلِ راہ بنالیں۔ مسجدوں اور مندروں میں ہی نہیں، غریبوں کی جھونپڑیوں میں اور دہقان کے کھیتوں میں ہر جگہ یہی نظریات اور آدرش کارفرما ہو جائیں۔ مچھلیاں پکڑنے والے ماہی گیر اور کتابوں کے کیڑے، طالبعلموں کی زندگی کا لور انہی خیالات و افکار کا مرہونِ منت ہو۔ یہ عقیدے، نظریات اور تصورات ہر مرد، عورت اور بچہ کو بلند بانگ دعوتِ عمل دے رہے ہیں، بلالحاظ اس بات کے کہ ان کا رتبہ کیا ہے اور وہ کیا کام دھندہ کرتے ہیں یا کسی بھی ذات اور قوم سے تعلق رکھتے ہوں۔ ماہی گیر اور کسان، محنت کش اور طالب علم، سب لوگ اپنشدوں کے ان نظریات، عقیدوں اور تصورات کو کس طرح عملی زندگی میں لا سکتے ہیں؟ اس کا طریقہ بتایا جا چکا ہے۔ اگر ماہی گیر یہ بات ذہن نشین کرلے کہ میں آتما ہوں تو وہ بہتر ماہی گیر بن جائے گا۔ اگر طالب علم یہ سوچ لے کہ میں آتما ہوں تو روشن ضمیر طالب علم بن جائے گا۔

ہندوستان کی بیشتر بدعتوں، مصیبتوں اور تکلیفوں کی بنیادی وجہ غریبوں کی حالت کس مپرسی ہے۔ جب تک ان دبے ہوئے، سہمے ہوئے، کچلے ہوئے، ٹھکرائے ہوئے غریبوں کی حالتِ زار بہتر نہیں ہوتی، نہ ہندوستان کا حال شاندار ہو سکتا ہے اور نہ مستقبل کی نوک پلک سنور سکتی ہے۔ فرض کیا کہ آپ ہر ایک گاؤں میں ایک خیراتی سکول کھول دیتے ہیں۔ کیا اس سے صورتِ حالات بہتر ہو جائے گی؟ نہیں! کیونکہ غریبی اور مفلسی ہماری رگ و پے میں اس قدر دھنس چکی ہے کہ غریب بچے سکول جاکر تعلیم و تربیت حاصل کرنے کی بجائے اپنے غریب اور مفلس ماں باپ کا ہاتھ بٹانے میں جُٹ جائیں گے اگر یہ لڑکے سکول نہیں آسکتے تو ہمیں اس بات کا اہتمام کرنا چاہیئے کہ تعلیم اُن تک پہنچ جائے۔ علم و حکمت کا دریائے فیض رواں دواں آگے بڑھ کر ان طلباء تک پہنچ جائے

ہمارے ملک میں ہزاروں سنیاسی ایسے ہیں جو سب کچھ راہِ مولا میں لٹا کر سرمست اور سرشار گاؤں گاؤں گھومتے رہتے ہیں اور لوگوں کو دھرم اور دین و ایمان سکھاتے رہتے ہیں۔ اگر ان میں سے محض سنیاسیوں کو اس قسم کے علم و ہنر کے مدرسوں اور ٹیچروں کی طرح منظم کیا جاسکے تو وہ جگہ جگہ جاکر، گھر گھر الکھ جگا کر نہ صرف لوگوں کو اُپدیش دے سکتے ہیں بلکہ انہیں علم و ہنر کی دولت سے بھی سرفراز کر سکتے ہیں۔ ان میں اگر کچھ سنیاسی شام کو ایک کیمرہ، ایک گلوب اور کچھ چارٹ اور چند نقشے وغیرہ لیکر کسی گاؤں میں جائیں تو جاہل اور انجان لوگوں کو بہت سا جغرافیہ اور علم ہیئت سکھا سکتے ہیں۔ دُوسرے ملکوں اور دُوسری قوموں کی کہانیاں سُنا سُنا کر ان غریبوں اور مفلسوں کو اس علم و ہنر سے کہیں زیادہ حکمت و آگاہی دے سکتے ہیں جو وہ ساری عمر کتابوں کے مطالعہ کرنے سے بھی حاصل نہیں کر سکتے۔ ان کے دلوں

اور دماغوں میں جدید سائنس کی مدد سے علم و ہنر کے چراغ روشن کرو۔ انہیں تاریخ، جغرافیہ، سائنس، ادب، فنونِ لطیفہ سکھاؤ لیکن اس کے ساتھ ہی انہیں مذہب اور قوم کی عظیم سچائیوں کا دلدادہ اور پرستار بھی بناتے چلو۔

جان لیوا عرق ریز جد و جہدِ حیات میں سرتاپا معروف ہونے کی وجہ سے انہیں اس بات کی فرصت ہی کہاں نصیب ہوتی ہے کہ وہ اپنے اوصافِ حمیدہ کو، اپنی صلاحیتوں کو، اپنے خوابیدہ علم کو بیدار کر سکیں۔ نہ جانے کب سے وہ بے جان مشینوں کی طرح کشمکشِ حیات کی خاطر کام کرتے چلے آرہے ہیں اور اب حالت یہ ہو چکی ہے کہ وہ خود بے جان مشین بن کر رہ گئے ہیں۔ اور پھر پڑھا لکھا، چالاک اور شاطر طبقہ ان کی عرق ریزی کے بیشتر پھل اور ثمر ہڑپ کرتا چلا آیا ہے لیکن اب وقت بدل گیا ہے ادنیٰ فرقوں کے لوگ اب رفتہ رفتہ اس حقیقت سے روشناس ہوتے جاتے ہیں۔ اور اس لوٹ کھسوٹ کے خلاف متحدہ محاذ بناتے رہے ہیں۔ اب اونچا طبقہ لاکھ حیلے وسیلے کر لے، ادنیٰ طبقہ کے لوگوں کو نہ دبا سکے گا، نہ کچل سکے گا۔ اب اعلیٰ طبقوں کا اپنا مفاد اور فائدہ اس بات میں پنہاں ہے کہ وہ ادنیٰ طبقوں کی مدد کریں تاکہ وہ اپنے حقوق اور معقول مفادات حاصل کر لیں۔ یہی وجہ ہے کہ میں پکار پکار کر کہہ رہا ہوں کہ عوام میں تعلیم پھیلانے کے کام میں جٹ جاؤ۔ انہیں محسوس کراؤ اور بتاؤ کہ آپ لوگ ہمارے بھائی بند ہو۔ ہمارے جسموں کا عضو اور انگ ہیں" آپ سے یہ پیار اور ہمدردی پا کر ان کے کام کرنے کی ہمت اور سرگرمی جوش و خروش میں کئی سو گنا اضافہ ہوتا جائے گا۔

ہر کارِ نمایاں سرانجام دینے کے لئے تین باتوں کی ضرورت ہے۔ پہلی یہ کہ جو کچھ محسوس کریں، تہِ دل سے کریں قیل و قال، حجت اور دلیل میں کیا رکھا ہے؟ عقل اور دلیل تو چند قدم بڑھ کر رُک جاتی ہے۔ اس کی راہیں مسدود ہو جاتی ہیں اس کوچے میں تو صرف پیش قدمی کرنے کی جرأت و ہمت کی ضرورت ہے محبت قوموں کو آگے بڑھنے کی تحریک و ترغیب دیتی ہے۔ محبت مسدود راہوں اور مقفل دروازوں کو کھول دیتی ہے جو لوگ بحث و تکرار، عقل و دلیل کے چکر میں اُلجھ جاتے ہیں انہیں کوئی کارنامہ انجام دینے کی سعادت نصیب ہوتی ہے؟ پروانہ کون سی دلیل سے متاثر ہو کر جان دیتا ہے؟ اس کے نزدیک سب سے بڑی دلیل شمع کا جلنا ہے۔ دلیل پر جان کون دیتا ہے؟ دلیل کی کاٹ دلیل ہو سکتی ہے لیکن محبت کی زنجیر کو دلیل کی ضربوں سے نہیں توڑا جا سکتا۔ دلیل کا طلسم حیاتِ انسانی میں اضطراب و انتشار تو پیدا کر سکتا ہے لیکن حیات کو خوش گوار نہیں بنا سکتا کیا آپ یہ سمجھتے ہیں کہ حیاتِ انسانی کی یہ بے قراریاں اور جان کاہیاں عقل و دلیل کے فقدان کے باعث ہیں؟ یہ بات ہوتی تو ان قوموں کا دامن سکون کی دولت سے لبریز ہوتا جن کے پاس سرمایۂ عقل و دلیل ہے۔ حالانکہ وہ عذابِ روح میں مبتلا ہیں۔ سرمایۂ بلند ہمتی تو صرف محبت عطا کرتی ہے۔ اس لئے میرے وطنِ عزیز کے بسنے والو جاں نثار و اور حب الوطنو میں تم سے کہتا ہوں کہ "اپنے دلوں کے خلوص کو جگاؤ اور اپنے وطن کے غریبوں اور پسماندہ لوگوں کے لئے صدقِ دل سے سوچو"۔ کیا آپ اسی طرح سوچتے ہو؟ کیا تم محسوس کرتے ہو کہ میں اس ملک کے لاکھوں اور کروڑں انسان جو فرشتوں اور رشیوں

کی سنتان ہیں اب پسماندگی اور کسمپرسی کے اس تنگ و تاریک عالم میں پھنس چکے ہیں جو عالم جانوروں اور حیوانوں کا عالم ہے کیا آپ محسوس کرتے ہو کہ لاکھوں اور کروڑوں ہندوستانی اس وقت کس ذلت، خواری، تاریکی اور پستی میں پڑے ہوئے ہیں؟ جانے کتنے برسوں سے یہ لاکھوں اور کروڑوں اہل وطن فاقوں مر رہے ہیں؟ کیا آپ محسوس کرتے ہو کہ جہالت کی تاریک و سیاہ گھٹاؤں نے اس ملک کو اپنی لپیٹ میں لے رکھا ہے؟ کیا یہ رنجیدہ صورتِ حالات آپ کو بے چین کرتی ہے؟ آپ کے دنوں کا آرام اور آپ کی راتوں کی نیند کو حرام کیا ہے؟ کیا یہ درد و کرب آپ کے خونِ جگر میں گھل گیا ہے؟ آپ کی رگ و پے میں اُتر چکا ہے؟ آپ کے دل کی دھڑکنوں کا آہنگ بنا ہے؟ کیا اس درد و کرب نے آپ کو دیوانہ بنا دیا ہے؟ اپنے ہم وطنوں کی تباہی و بربادی، کسمپرسی اور زبون حالی سے آپ کے اس قدر وارفتہ خاطر اور پریشان ہو گئے ہیں کہ آپ اپنی شہرت، اپنی عزت و ناموس، اپنے بال بچوں کو، اپنی دولت و امارت تک کو بھول جائیں۔ یہی نہیں کیا اس وفورِ غم اور شدتِ درد میں آپ کو اپنے جسم و جان کا بھی دھیان بھول گیا ہے؟ کیا ایسا تصور آپ کے دلوں میں جاگزیں ہوا ہے؟ ایسا سوچنا اور سمجھنا ہی وہ پہلا قدم ہے جو آپ ان کی خدمت کے لئے اٹھا سکتے ہیں۔

ممکن ہے کہ آپ کا اندازِ فکر یہی ہو، لیکن کیا آپ نے اپنی قوتوں اور صلاحیتوں کو بیہودہ باتوں میں گنوانے کی بجائے اس مشکل و عذاب سے نجات پانے کے لیے کوئی عملی حل بھی تلاش کیا ہے؟ تا کہ ان زندہ درگور ہم وطنوں کی قیمتی خدمت کی جا سکے۔ صرف ایسا کرنا ہی کافی نہیں۔ کیا آپ نے پربتوں کی طرح ناقابلِ عبور مشکلوں پر قابو پانے کے لئے ناقابلِ تسخیر عزم و ارادہ بھی باندھا ہے؟ اگر ساری دنیا شمشیر بکف تمہارے خلاف صف بند ہو جائے، ڈٹ جائے تو کیا تم پھر بھی اس عزم و استقلال سے مُنہ نہیں موڑو گے اور جو کچھ آپ درست اور برحق تصور کرتے ہیں اسے اپنی جان پر کھیل کر بھی عملی جامہ پہنانے کی سعی کریں گے؟ کیا ان مشکلوں اور دشواریوں کو دیکھنے کے باوجود آپ ہمت و استقلال کے ساتھ اپنی منزل اور اپنے نشانہ کی طرف رواں دواں قدم بڑھاتے چلو گے؟ کیا راجہ بھرتری ہری کا حسبِ ذیل مقولہ آپ کے لئے مشعلِ راہ اور شمعِ ہدایت بنا ہوا ہے:۔ دانا اور عاقل چاہے تعریف کریں، چاہے مذمت کریں، قسمت کی دیوی لکشمی آتی ہے تو آئے اور جانا چاہتی ہے تو جہاں جی چاہے جائے، موت آج آ جائے یا سینکڑوں برسوں بعد آئے مستقل مزاج اور ثابت قدم وہی انسان ہے جو ان سب باتوں سے بے نیاز اور لاپروا رہتا ہوا راہِ حق سے ایک انچ بھی اِدھر اُدھر نہیں ہوتا۔ کیا آپ نے بھی ثابت قدمی اور مستقل مزاجی حاصل کر لی ہے۔ اگر آپ اپنے دامن کو ان تینوں خوبیوں سے معمور کر لیں تو پھر یقین کیجئے کہ ان میں سے ہر خوبی اور ہر صفت معجزے دکھاتی چلی جائے گی۔

آیئے سجدوں میں گر کر اس مالک سے دُعا کریں کہ "ہمیں ہدایت اور روشنی دو" آپ دیکھینگے کہ گھٹا ٹوپ

اندھیروں میں روشنی کی شعاع جگمگا جائے گی اور ایک دست و بازو آگے بڑھ کر ہماری رہنمائی کرنے لگ جائیگا۔ آیئے ہم میں سے ہر ایک فرد و بشر ہندوستان کے ان کروڑوں دکھیوں اور کچلے ہوؤں کے لئے شام و سحر دعائیں مانگے جنہیں غربت، جبر و استبداد اور گورو ڈم نے اسیر و غلام بنا رکھا ہے۔ آیئے ہم رات دن ان کے لئے ہی دعائیں مانگیں!

امیروں اور اونچے طبقے کے لوگوں کی نسبت میں انہیں اپدیش دینے کو مقدم سمجھتا ہوں۔ میں نہ علم طبعی کا ماہر ہوں۔ نہ فلسفی، اور نہ ہی سنت یا رشی منی بلکہ میں غریب اور فقیر ہوں، میں غریبوں سے پیار کرتا ہوں۔

کوئی ہے جو غربت اور جہالت کی پستیوں میں غرق ہو چکے کروڑوں مردوں اور عورتوں کے لئے اشک ریزی کرے؟ میں تو اسے مہاتما، مہا پرش کہوں گا جو غریبوں کی سدھ لے۔ کون ہے جو ان کی سدھ لیتا ہے؟ جو نہ تعلیم و تربیت حاصل کر پاتے ہیں نہ روشنی اور اجالے کی صورت دیکھ سکتے ہیں۔ کون ہے جو ان تک روشنی لے جائے، انہیں اجالے کی صورت دکھائے قرب و جوار، گھر گھر پر جا کر انہیں تعلیم دے؟ ان انسانوں کو اپنا معبود، خدا بنا لو۔ سوچو تو ہمیشہ ان کے لئے کوئی کام کرو تو ان کے لئے۔ بلا ناغہ دعا کرو تو ان کے لیے۔ پروردگار آپ کو ہدایت و جزا دے گا۔

فرض کیا ہے؟

یہ جاننا اشد ضروری ہے کہ فرض کیا ہے؟ اگر مجھے کچھ کرنا ہی ہے تو سب سے پہلے مجھے اس بات کا علم ہونا چاہیے کہ فلاں کام میرے ذمہ ہے۔ میرا فرض کیا ہے تب میں اُسے بخوبی انجام دے سکوں گا لیکن مشکل یہ ہے کہ مختلف قوموں میں فرض کے متعلق مختلف نظریات پائے ہیں جتنی قومیں اتنے عقیدے مسلمان کہتا ہے کہ جو کچھ اس کی کتاب مقدس کا قرآنِ حکیم میں لکھا ہے وہی اس کا فرض ہے۔ ہندو کہتا ہے کہ جو کچھ ویدوں میں درج ہے وہی اس کا فرض ہے عیسائی کہتا ہے جو کچھ بائیبل میں تحریر ہے وہی اس کا فرض ہے۔ ظاہر ہے کہ زندگی کی مختلف حالتوں مختلف تواریخی ادوار اور وقتوں اور مختلف قوموں میں فرض کے متعلق مختلف اور متضاد سے نظریات اور عقیدے موجود ہیں۔ ایسی صورت میں فرض کی تصریح و توضیح کرنا بہت کٹھن ہے۔ ہم عملی تدبیروں نتیجوں کو جان کر فرض کے متعلق محض ایک موہوم سا تصور اخذ کرتے ہیں۔ جب بعض باتیں ہماری آنکھوں کے سامنے عالمِ ظہور میں آتی ہیں تو ہمارے من کی لہریں بے ساختہ طور پر با سلیقہ یافتہ ترنگوں کی طرح ایک مخصوص انداز میں ردِ عمل پیدا کرتی ہیں دل و دماغ خود بخود صورت حالات کے متعلق جائزہ لینا شروع کر دیتا ہے کئی مرتبہ ایسا بھی ہوتا ہے کہ دل و دماغ گرد و پیش کے حالات کو ملحوظ خاطر رکھتا ہوا ایک خاص انداز میں عمل پذیر ہونے کو زیادہ سُود مند تصور کرتا ہے اور کئی مرتبہ ایسا بھی ہوتا ہے کہ ویسے ہی حالات میں اس خاص انداز میں اس عمل کرنے کو غیر مفید اور مضر سمجھتا ہے۔ عام لفظوں میں یہ کہا جا سکتا ہے کہ فرض کے متعلق عالم گیر تصور یہی ہے کہ ہر اچھا آدمی ضمیر و ایمان کی ہدایت اور اشارہ پر عمل کرتا ہے۔

لیکن وہ کیا شے ہے جو ایک فعل کو امتیازی پہلو سے سرفراز کرتی ہے اور اسے فرض کا درجہ دے دیتی ہے۔ اگر ایک عیسائی راستے میں گائے کے گوشت کا ٹکڑا پڑا دیکھتا ہے اور اُسے خود نہیں کھاتا یا کسی دوسرے کو بھی

نہیں دیتا تو وہ محسوس کرنے لگے کہ اُس نے ادائیگی فرض میں کوتاہی اور غفلت کی لیکن اگر ایک ہندو گائے کے گوشت کے اُس ٹکڑے کو کھا لیتا ہے یا کسی دوسرے کو دیدیتا ہے تو وہ یہ محسوس کرے گا کہ اُس نے اپنے فرض کی ادائگی میں کوتاہی اور غفلت کی کیونکہ ہندو کی نشو و نما ہی ایسی ہوتی ہے کہ وہ اسی زاویۂ نگاہ سے سوچے گا۔ ظاہر ہے کہ ایک ہی فعل کے متعلق مختلف تاثرات پیدا ہونے کی وجہ انسان کا مخصوص گرد و پیش ہے۔ ایک اور مثال لے لیجئے۔

عام حالات میں اگر ایک شخص گلی کوچہ میں جا کر ایک دوسرے آدمی کو گولی کا نشانہ بنا دے تو اُسے نہ صرف احساسِ گناہ ہوگا بلکہ اپنے کیے پر پچھتا وا بھی ہوگا لیکن اگر یہی شخص فوج کی ایک رجمنٹ میں بھرتی ہو کر محاذ جنگ پر ایک چھوڑ بیس افراد کو گولی کا نشانہ بنا دے تو وہ نہ صرف احساس فرض اور احساسِ اعزاز سے پھولا نہیں سمائے گا۔ اور یہ سمجھے گا کہ اُس نے یہ قتل تکمیل فرض کی خاطر کیئے۔ ارتکاب قتل ایک سا ہے لیکن گرد و پیش کے حالات نے انہیں کی ماہیئت میں زمین و آسمان کا امتیاز پیدا کر کے رکھ دیا۔

ظاہر ہے کہ ان حالات میں فرض کی تصریح و توضیح کرنا بہت مشکل ہے۔ اور کسی فرض کو حقیقی اور مخصوص تشریح و تعریف دینا ناممکن ہے لیکن اگر داخلی طور پر فرض کا ایک امتیازی درجہ ہے۔ ہر وہ کام جو ہمیں حق و ایمان کی طرف لے جائے، اچھائی اور نیکی ہے' اس لیے فرض ہے۔ اور وہ ہر فعل جو بدی اور برائی کی طرف لے جائے پستی و ذلالت کو خوش آمدید کہے' فرض نہیں کہلا سکتا۔ داخلی اعتبار سے بھی دیکھا جائے تو معلوم ہوگا کہ بعض افعال اور اعمال ہی ایسے ہیں جنکے ارتکاب سے انسان میں نیکی اور اچھائی آتی ہے۔ انسان اپنے آپ کو اونچا اور سربلند تصور کرنے لگتا ہے برخلاف اس کے بعض افعال اور اعمال ایسے بھی ہوتے ہیں جن کے ارتکاب سے انسان حیوان و وحشی بن جاتا ہے لیکن طرح طرح کے رجحانات اور مختلف قسم کے گرد و پیش رکھنے والے لاتعداد انسانوں کے لیئے کونسا فعل کیسا ردِ عمل پیدا کرے گا' اِس بات کی تصریح و توضیح نہیں کی جا سکتی۔ اس مسئلے پر کوئی ہمہ گیر قاعدہ و قانون نہیں ٹھونسا جا سکتا لیکن اُس کے باوجود فرض کے متعلق ایک نظریہ جسے ساری دنیا کُل بنی نوع انسان' تمام عالموں اور فاضلوں سب فرقوں قوموں اور ملکوں نے یکساں طور پر تسلیم کیا ہے سنسکرت کے اس مقولہ میں بیان کر دیا گیا ہے جس میں کہا گیا ہے،:- "من بچن اور کرم سے کسی کو کوئی نقصان نہ پہنچاؤ۔ کسی کو نقصان نہ پہنچانا نیکی ہے اور کسی کو نقصان اور ضرر پہنچانا گناہ ہے۔"

بھگوت گیتا میں بار بار اشاروں اور کنایوں میں ان فرائض کا ذکر آتا ہے جو ایک انسان پر پیدائش یا زندگی میں مخصوص نام و مرتبہ کی وجہ سے انسان کے ضروری ہیں۔ سچ تو یہ ہے کہ کسی انسان کے نظریۂ حیات کا انحصار اس بات پر ہوتا ہے کہ اُس نے کہاں جنم لیا ہے۔ زندگی میں اس کا کیا درجہ ہے اور سوسائٹی میں اس کو کیا مقام حاصل ہے اس لئے ہمارے لئے یہ ضروری اور لازمی امر ہے کہ ہم ایسے کرم کریں جن سے اس سماج اور سوسائٹی کا نام روشن ہوا جس میں ہم نے جنم لیا ہو لیکن یہ بات خاص طور پر یاد رکھنے والی ہے کہ سب سماجوں' سوسائٹیوں اور سب ملکوں اور

قوموں میں نہ تو حالات ایک طرح ہوتے ہیں اور نہ ہی نصب العین ایک جیسے ہوتے ہیں۔ ہمارے دلوں میں ایک دوسرے کے خلاف جو تعصب اور عناد ہے اس کی بڑی وجہ ہماری یہی لاعلمی اور جہالت ہے۔ ایک امریکی باشندہ سوچتا ہے کہ میں نے اپنے ملک کے رسم و رواج کے مطابق جو کچھ کیا ہے، بہترین کیا ہے۔ اور جو شخص ایسا نہیں کرتا، اس کی تقلید نہیں کرتا، غیر معقول اور بدکار شخص ہے۔ ایک ہندو سمجھتا ہے کہ صرف اس کے رسم و رواج نہ صرف درست ہیں بلکہ ساری دنیا میں اعلیٰ ترین ہیں۔ اور جو ان پر عمل پیرا نہیں ہوتا وہ شخص بدکار اور خبیث ہے۔ یہ ایک ایسی تشدید غلطی ہے جس کا ہم میں ارتکاب کر بیٹھتے ہیں۔ لیکن یہ غلط رجحان بہت نقصان دہ ہے اور دنیا میں اس وقت جو شر و فساد پایا جاتا ہے اُس کا پچاس فی صدی حصہ اس غلط رُجحان اور تعصب کی پیداوار ہے ÷

ضرورت اس امر کی ہے کہ دوسروں کے فرائض کا جائزہ ہم اُن کے مخصوص زاویۂ نگاہ یا نظریہ حیات سے ہی لیں اور کبھی دوسرے لوگوں کے رسم و رواج کا فیصلہ اپنے رسم و رواج سے نہ کریں۔ کسی کے رسم و رواج یا نظریات کے بارے میں عدل کرنے والا میں کون ہوتا ہوں؟ مجھے اپنے آپ کو دنیا کے موافق ڈھالینا ہے نہ کہ دُنیا کو اپنے سانچے میں ڈھالنا اور اپنے مطابق و موافق بنانا ہے اس سے یہی نتیجہ نکلتا ہے کہ حالات اور گرد و پیش ہمارے فرائض کو ادلتے بدلتے چلے جاتے ہیں۔ اور اس دُنیا میں سب سے اعلیٰ اور ارفع کام جو کر سکتے ہیں۔ صرف یہ ہے کہ ہم خاص وقت کے مخصوص فرض کو بہترین طور پر انجام دیں۔ آیئے سب سے پہلے ہم وہ فرض ادا کریں جو پیدائش کی وجہ سے ہم پر لازم ہوتا ہے اور جب ادھر سے فارغ ہو جائیں تو ان فرائض کو پورا کرنے کی سعی کریں جو زندگی سوسائٹی اور سماج میں ہمارے مخصوص مقام نے ہم پر لازمی قرار دیے ہیں ÷

لیکن ہم اپنی فطرت کے ایک عیب اور نقص کو اپنی نظروں سے اوجھل رکھتے ہیں۔ ہماری فطرت اور سرشت کا سب سے بڑا خطرناک عیب یہ ہے کہ ہم خود اپنا مطالعہ نہیں کرتے۔ ہمیں دوسروں کو دیکھنے سے ہی اتنی فرصت نہیں ملتی کہ ہم اپنے آپ کو دیکھیں اپنا مطالعہ کریں۔ اپنا تجزیہ کریں۔ جسے دیکھئے اپنے آپ کو تیس مار خاں سمجھا بیٹھا ہے۔ ہر شخص یہ سمجھتا ہے کہ تختِ سلطانی پر بیٹھنے کا اُسے حق حاصل ہے۔ مگر ایسا سوچنے سے پہلے اُسے یہ بات ذہن نشین کر لینی چاہیئے کہ جو فرائض موجودہ حالات نے اُس پر لازم کیے ہیں، انہیں پورا کیا ہے یا نہیں بعد ازاں دوسرے اعلیٰ فرائض کا دھیان آنا چاہیئے۔ جب ہم دنیا میں کوئی کام کرنا شروع کر دیتے ہیں تو دُنیا دائیں بائیں سے ہم پر ضربیں لگاتی ہے۔ بہت جلد ہمیں اس قابل بنا دیتی ہے کہ ہم اس بات کا صحیح احساس کر لیں کہ ہم کیا ہیں؟ سماج اور معاشرہ میں ہمارا مقام کیا ہے؟ کوئی آدمی اس منصب اور عہدہ پر بہت دیر تک فائز نہیں رہ سکتا۔ جس کے لئے وہ مستحق اور ضروری نہ ہو۔ نظامِ قدرت کے خلاف گریۂ زاری اور شکوہ و شکایت کرنے سے کیا حاصل ہوگا؟ ہلکا اور ادنیٰ کام کرنے سے کوئی شخص

ہلکا اور ادنیٰ نہیں ہو جاتا اور نہ ہی کسی انسان کے متعلق فیصلہ اس بات سے کیا جانا چاہیئے کہ اس کے فرائض کیسے ہیں۔ سب کا حساب اور فیصلہ تو اس بات سے کیا جائے گا کہ انہوں نے ان فرائض کو کس خوش اسلوبی اور کس ڈھنگ سے انجام دیا۔

آگے چل کر ہم اس فیصلہ پر پہنچیں گے کہ فرض کے متعلق بھی نظریہ اور تصور تبدیل ہوتا رہتا ہے۔ ہم یہ نتیجہ بھی اخذ کریں گے کہ سب سے اعلیٰ وارفع کام اُسی وقت ہوتا ہے جب اس کام کے پیچھے کوئی خودغرضانہ جذبہ کارفرما نہ ہو بلکہ لطف تو یہ ہے کہ یہ کام بھی ایک خواہش تکمیلِ فرض ہوتی ہے جس کی تحریک اور ترغیب پر ہم بے لوث کام کرتے ہیں۔ جب نظریۂ حیات اس سانچے میں ڈھل جاتا ہے۔ تب کام عبادت اور بندگی بن جاتا ہے نہیں، بلکہ ایسا کام بندگی اور عبادت سے بھی کہیں زیادہ سربلند اور ممتاز ہوتا ہے اور ایسا کام خودبخود ہوتا چلا جاتا ہے۔

ذرا غور سے دیکھیئے تو آپ پر یہ حقیقت بے نقاب ہو جائے گی کہ فلسفہ فرض' خواہ ضابطہ اخلاق کی صورت میں عیاں ہو یا رشتۂ محبت کا لبادہ اوڑھے ہو۔ ایک ہی ہے شکل و صورت عمل الگ الگ ہیں لیکن روحِ عمل تو ایک ہی ہے۔ اور یہ فلسفہ فرض وہی ہے جو دوسرے ہر یوگ میں جلوہ گر ہوتا ہے اور یہ فلسفہ فرض ہے اپنے آپ کو لطیف ورقیق بنانا۔ اپنے نفس کی تمام کثافتوں اور آلائشوں سے کنارہ کش ہونا تاکہ ہمارا حقیقی اپنا آپ رُخِ جمال دکھا سکے ہماری جو قوتیں اور طاقتیں ادنیٰ اور حقیر باتوں میں ضائع ہوتی چلی جارہی ہیں اور اس چندروزہ حیات کی کشمکشوں کی نذر ہوتی جارہی ہیں انہیں بچایا جاسکے' اعلیٰ وارفع مقاصد کے حصول کی طرف مائور کیا جاسکے۔ تاکہ ہماری آتما اعلیٰ سطح تک پہنچ سکے نور ازلی سے ہمکنار ہو سکے اور نغمۂ توحید سے بہرہ ور ہو سکے لیکن ایسا ہونا تبھی ممکن ہے اگر ہم مسلسل اور پیہم اپنی ادنیٰ خواہشوں کو مارتے چلے جائیں۔ اپنے نفس کی شرارتوں اور سرکشیوں کا خاتمہ کرتے چلے جائیں۔ ظاہر ہے کہ یہ فرض اور کام محنت شاقہ کا سزاوار ہے۔ ہماری سوسائٹی اور ہمارے معاشرے کا تانا بانا دیدہ دانستہ یا غیر دانستہ طور پر عمل و تجربہ کی بنیادوں پر اس طرح استوار کیا گیا ہے کہ جوں جوں ہم خودغرضی اور نفس پرستی کو کم کرتے چلے جائیں گے انسان کی حقیقی فطرت اپنی تمام رعنائیوں اور دلکشیوں کے ساتھ بحد و حساب وُسعت اور فروغ پکڑتی چلی جائے گی۔

ادائیگی فرض شاید ہی کبھی خوش گوار ہوتی ہو۔ یہ تو جوہر محبت ہے جو اس کی ناگواریوں کو خوشگواریوں کا جامہ پہناتا ہے اور اس کی تلخیوں کو خوشیوں میں ڈھال دیتا ہے محبت کے بغیر ادائیگی فرض کشیدگی۔ ناچاقی اور تلخی پیدا کرتی ہے ورنہ والدین اپنے بال بچوں کے لئے فرائض کیسے انجام دیں۔ خاوند اپنی بیویوں کے لیے اور بیویاں اپنے شوہروں کے لئے کیوں کر تکمیلِ فرض کی طرف راغب اور محو ہو سکتی ہیں کیا ہم اپنی زندگیوں میں آئے دن اس ناچاقی اور تلخی سے دوچار نہیں ہوتے؟ لیکن جب اس فعل میں جوہر محبت ملا دیا جائے۔ جذبۂ محبت تکمیلِ فرض

کے جذبہ کے ہمرکاب ہو جائے تب یہی فرض اور فعل جگمگا اٹھتا ہے۔ لیکن یاد رکھیئے کہ محبت صرف آزادی کی فضاؤں میں ہی پرواں چڑھتی ہے۔ اور صرف آزاد فضاؤں میں ہی اپنے رُخِ جمال کو بے نقاب کرتی ہے۔

مقامِ افسوس ہے کہ ہم نے اس آزادی کا مفہوم یہ سمجھا ہے کہ اپنے نفس کے غلام بن جائیں کبھی غصہ کے کبھی حسد کے کبھی انتقام کے، کبھی کینہ کے۔ انسانی زندگی میں آئے دن ہمارے دلوں میں شر و فساد، کفر و کذب کی جو جو صورتیں اُبھرتی رہتی ہیں ہم ان میں سے ہر صورت نفس کے غلام بننے کو ہی آزادی سمجھ بیٹھے ہیں۔ حالانکہ اعلیٰ ترین مقدم ترین آزادی کا مطلب و مفہوم یہ ہے کہ زندگی کی تمام چھوٹی موٹی الجھنوں، پریشانیوں، مشکلوں اور آفتوں میں قوت برداشت اور صبر و شکر کا دامن ہاتھ سے نہ چھوٹنے دیں۔ لیکن اس بُردباری، اس تحمل مزاجی اور اس رضا و تسلیم، اس صبر و شکر کی خو کو کیا ہو گیا ہے؟ عورتوں کو دیکھیئے تو وہ تنک مزاجی، زود رنجی اور حسد و کینہ اور فطرت کی وجہ سے شوہروں کو جلی کٹی سناتی چلی جاتی ہیں۔ اپنی آزادی کی دھونس جماتی ہیں لیکن وہ یہ بھول جاتی ہیں کہ ایسا کرتی ہوئی وہ محض اپنے آپ کو غلام ثابت کرتی ہیں یہی کیفیت شوہروں کی ہے جو ہمیشہ بیویوں کو ہی غلط کار سمجھتے رہتے ہیں ؛

ترقی اور عروج کا راز صرف یہ ہے کہ ہم اپنے فرض کو ادا کرنے میں جُٹ جائیں اور اس طرح طاقت و قوت حاصل کرتے ہوئے قدم قدم رواں دواں آگے بڑھتے چلے جائیں حتیٰ کہ ہم سب سے بلند اور اونچی کیفیت کو حاصل کر لیں ؛

ایک جواں سال سنیاسی اور درویش (حضرت فرید) ایک مرتبہ جنگل میں گئے وہاں انہوں نے کڑی عبادت کی، اور کافی عرصہ تک خُدا کی یاد میں محو رہے یوگ کماتے رہے۔ برسوں کے جپ، تپ، ریاضت و عبادت کے بعد ایک دن وہ ایک درخت کے نیچے بیٹھے ہوئے تھے کہ ان کے سر پر چند گھاس پھوس کے تنکے آکر گرنے شروع ہو گئے۔ گردن اُوپر اٹھا کر دیکھا تو چند چڑیوں کو آپس میں لڑتے پایا۔ یہ برہم ہو گئے۔ بولے "تم میں اتنی جرأت کہ میرے سر پر گھاس پھوس کے ڈالتی ہو؟" یہ کہہ کر انہوں نے غصہ سے ان چڑیوں کی طرف دیکھا۔ ایک شعلہ سا ان کی آنکھوں سے نکلا جس نے چڑیوں کو جلا کر خاکستر کر دیا۔ اپنی آنکھ اور زبان میں اس قدر کراماتی طاقت دیکھ کر انہیں بےحد خوشی اور گھمنڈ ہوا کچھ وقت پا کر وہ خیرات مانگنے شہر میں گئے۔ ایک گھر کے باہر کھڑے ہو کر انہوں نے الکھ جگائی بوڑھی ماں نے اندر سے جواب دیا "بیٹا ٹھہرو ابھی آتی ہوں"۔ انتظار کرنے کو توہین تصور کرتے ہوئے اس درویش کو صاحبِ خانہ پر سخت طیش آیا۔ دل میں کہنے لگے اے حقیر عورت، تجھ میں اتنی جرأت اور تیری اتنی گستاخی کہ مجھ جیسے خدا رسیدہ اور کراماتی طاقتیں رکھنے والے درویش کو بھکشا کے لئے انتظار کرا دے شاید تمہیں پتہ نہیں کہ مجھ میں کتنی طاقت ہے، اندر سے ماں بولی "بیٹا یہاں چڑیاں تھوڑے ہیں جو تمہارے کہنے مر جائیں گی اپنے

اُوپر اس قدر گھمنڈ نہ کرو" درویش یہ جواب سُن کر ہکا بکا رہ گئے، بولے ماں! غیب کا علم تم نے کہاں سے سیکھا کونسا یوگ کمانے سے تم انتریامی بن گئیں؟ "ماں بولی" بیٹا! میں یوگ وغیرہ کچھ نہیں جانتی اور تمہاری طرح کرم دھرم بھی نہیں کرتی۔ میں تو ایک معمولی عورت ہوں۔ میرا خاوند بیمار ہے اس کی خدمت میں مصروف ہونے کی وجہ سے میں جلدی نہ آسکی اور تمہیں انتظار کرنا پڑا۔ زندگی بھر میں نے ادائیگی فرض کی خاطر جدوجہد کی ہے۔ جب میں کنواری تھی، میں اپنے ماں باپ کی خدمت میں مصروف رہتی تھی۔ شادی ہونے کے بعد میں نے خاوند کی خدمت کو اپنا دستورِ حیات بنالیا۔ دن رات اسی کی خدمت میں گزر جاتے ہیں۔ یہی ہے وہ یوگ جس کی میں نے کمائی کی ہے۔ عمل فرض شناسی کی بدولت میری چشمِ باطن کھل گئی ہے۔ مجھے روشن ضمیری مل گئی۔ اسی آنکھ سے میں نے تمہارے دل کی خلوتوں میں موجزن خیالات پڑھ لیے تھے اور یہ دیکھ لیا تھا کہ تم جنگل سے کیا کچھ کر کے آرہے ہو۔۔۔۔' یہ کہانی اس بات پر مہرِ تصدیق ثبت کرتی ہے کہ معراجِ عبادت، ادائیگیِ فرض ہے۔

فرض و خدمت کے متعلق گلہ اور شکوہ تو اس کی زبان پر رہتا ہے جس کے دل کی نگاہیں انجام و نتیجہ پر لگی رہتی ہیں۔ جو حق الخدمت اور ثمر و انجام کے بارے میں بے نیاز ہو اس کی زبان حرفِ شکایت سے غیر آشنا رہتی ہے۔ اس کے لئے تو ہر خدمت اور ہر فرض اچھا ہے۔ وہ اس کام کو اس قدر انہماک سے انجام دیتا ہے کہ اس کی خود غرضی اور نفس پرستی مٹ جاتی ہے۔ اور رُوح کی آزادی اور سرشاری سے ہمکنار ہو جاتا ہے۔

ہم فطری طور پر اپنے متعلق بہت سی غلط فہمیوں کا شکار رہتے ہیں۔ لیکن جہاں کام کرنے کا وقت آتا ہے، ہم جھنجھلا جاتے ہیں اور واہی تباہی بولنے لگ جاتے ہیں اور دوسروں کو دیکھ دیکھ کر سیخ پا ہوتے جاتے ہیں حالانکہ یہ مقابلہ اور موازنہ ہمیشہ رقابت و حسد، بغض و کینہ پیدا کرتا ہے اور شاخِ دل سے رحم و کرم کی تمام کلیوں کو نوچ دیتا ہے اور مسل ڈالتا ہے۔ گلہ و شکایت کی وجہ سے بڑبڑانے والے کے لیے ہر فرض بدمزگی پیدا کرتا ہے۔ اس کے اندر ایک ایسی تشنہ لبی اور بے چینی پیدا ہو جاتی ہے جسے دنیا کی کوئی شے نہیں مٹا سکتی۔ اس کا دل ہمیشہ سکون سے غیر آشنا رہتا ہے اور نتیجہ یہ نکلتا ہے کہ اس کی ساری زندگی اجیرن بن کر رہ جاتی ہے۔ تمام زندگی محرومیوں اور پریشانیوں کی تصویر بن جاتی ہے۔

زندگی کا بہترین مصرف یہی ہے کہ ہم کام کرتے رہیں اور جو جو فرائض ہمارے سامنے آئیں انہیں پوری سرگرمی مستعدی اور ہمت کے ساتھ ادا کرتے جائیں۔ ایسا کرنے سے ہی ہم نورِ ازلی اور رحمتِ الٰہی سے فیض یاب ہو سکتے ہیں۔

مالک کی طرح کام کرو

بھگوت گیتا میں ہم بار بار پڑھتے ہیں کہ ہمیں مسلسل اور لگاتار کام کرتے رہنا چاہیئے۔ لیکن کیا کبھی ہم نے اس قول کی گہرائی پر بھی غور کیا ہے قدرتی طور پر ہر کام کا اچھا اور بُرا پہلو ہوتا ہے۔ کوئی بھی کام کیجیے، اس سے کسی نہ کسی کو کوئی فیض و فائدہ پہنچے گا اور کسی نہ کسی کو کوئی نقصان ضرور ہوگا۔ لازمی طور پر ہر کام میں اچھائی اور بُرائی رلی ملی ہوتی ہے لیکن اس کے باوجود ہمیں یہی ہدایت و تعلیم دی جاتی ہے کہ ہم رُکے بغیر مسلسل اور متواتر کام کرتے چلے جائیں۔ اُس کے بُرے اور اچھے پہلو خود بخود اپنے اثرات پیدا کرتے چلے جائینگے یہ ایک کرم چکر ہے۔ جو چلتا آیا ہے۔ چل رہا ہے اور یونہی چلتا جائے گا۔ اچھے اور نیک کام سے اچھائی اور نیکی ملے گی۔ اچھا اور نیک اثر پیدا ہوگا۔ بُرے کام سے بُرائی آئے گی اور بُرا اثر پیدا ہوگا۔ لیکن یہ اچھائی اور بُرائی، یہ نیکی اور بدی بھی کیا ہے؟ رُوح کی قید، آتما کا بندھن! گیتا نے اس پاپ اور پُنیہ، نیکی اور بدی سے چھٹکارہ پانے کے لیے لاجواب ہدایت دی ہے۔ گیتا کہتی ہے کہ اگر آپ نشکام اور بے لوث ہوکر، نتائج سے بے نیاز ہوکر، بے تعلقی کو شعار زندگی بناکر کام کرینگے تو اس کام کے اچھے یا بُرے اثرات آپ کو اپنی گرفت میں نہیں لے سکیں گے تو آئیے یہ جاننے کی کوشش کریں کہ کرم میں نشکامتا کہاں سے آتی ہے اور کام کرتے ہوئے اس سے بے نیاز رہنے کا راز کیا ہے!

آپ نے کچھوا دیکھا ہوگا۔ جب یہ اپنی گردن اور پاؤں کھوپڑی کے اندر سمیٹ لیتا ہے، تب چاہے آپ اس کو مار ڈالیں یا ٹکڑے ٹکڑے کر دیں۔ وہ اس سے باہر نہیں نکلے گا، کچھ ایسی کیفیت ہوتی ہے۔ اس اِنسان کی جس نے اپنے نفس پر کُلیتاً قابو پالیا ہو جس نے اپنے دلوں کے محرکات کو اپنے بس میں

کرلیا ہو۔ اُسے اپنی اندرونی قوتوں اور طاقتوں پر اس قدر قابو اور غلبہ حاصل ہوتا ہے کہ پھر کوئی لاکھ چاہے اُسے اس کی رضا و رغبت کے بنا باہر نہیں نکال سکتا۔ لگاتار ان اچھے اور نیک خیالات اور تصورات کو جو بار بار سطح ذہن پر رقص کرتے رہتے ہیں، اپنے دل و دماغ کی پنہائیوں میں اُتارتے رہیے۔ اُن کے عکسِ جمیل کو اپنی رُوح میں دیکھنے کے فعلِ اضطراری کی بدولت اچھائی اور نیکی کرنے کا رُجحان مضبوط و مستحکم بن جاتا ہے۔ اور نتیجہ یہ نکلتا ہے کہ انسان اپنی پانچوں گیان اندریوں اور پانچوں کرم اندریوں کو اپنے بس میں کر لیتا ہے۔ اُن پر پوری طرح قابو پا لیتا ہے۔ صرف ایسا کرنے سے انسان کی سیرت بنتی ہے۔ اخلاق تعمیر ہوتا ہے اور اِنسان حق تک پہنچ سکتا ہے۔ ایسا انسان ہمیشہ ہمیشہ کے لیے مُکت ہو جاتا ہے۔ وہ کبھی کوئی بدی یا برائی کر ہی نہیں سکتا۔ ایسے انسان کو کسی بھی ماحول اور فضا میں رکھ دیجیے، کسی بھی سوسائٹی اور محفل میں بٹھا دیجیے، کسی بھی جگہ کوئی خطرہ یا نقصان پہنچنے کا احتمال پیدا نہیں ہوتا۔

لیکن ایک درجہ اِس سے بھی پرے ہے۔ جو نیک اور راستباز، حق شناس اور پارسا بننے سے بھی اونچا ہے اور یہ ہے مُکتی کی آرزو، نجات کی تمنا، رہائی کی خواہش، مخلصی کی طلب۔ یہاں یہ بات ذہن نشین کرنے کی ضرورت ہے کہ یہی مُکتی، نجات، رہائی اور مخلصی سب یوگ سادھنوں کے نصب العین کی طرف لے جاتا ہے۔ صرف کام کرنے سے اِنسان اس مقام تک رسائی اور پہنچ حاصل کر سکتا ہے جس مقام کو بھگوان بُدھ نے ریاضت اور عبادت سے حاصل کیا یا جس مقام کو حضرت عیسےٰ نے دُعا اور بندگی سے پایا۔ بھگوان بُدھ کرم گیانی تھے تو عیسےٰ بھگت، لیکن ان دونوں نے ایک ہی مرتبہ اور مقام پایا۔ راستے الگ الگ تھے، منزل ایک ہی تھی۔

وہ کام جس کی بدولت آپ بھی اس مرتبہ و منزل تک پہنچ پائیں۔ یہی ہے کہ اپنے بُرے رجحانات اور اور خیالات کی مخالفت اور مزاحمت اچھے رجحانات اور خیالات سے کریں۔ اور ہم میں جو خراب، پراگندہ یا بُرے تاثرات پیدا ہو چکے ہیں، اُن کی جگہ اچھے اور نیک تاثرات کو دل میں بٹھائیں۔ حتےٰ کہ دل کے ہر گوشے میں دَبے چھپے ہوئے خیال اور تاثر کی سرکوبی یا بیخ کنی کرلیں۔ اس کے بعد اچھے رجحانات اور تاثرات کو بھی قابو کرنا ہوگا۔ ایسا کرنے سے ہی جُڑے ہوئے دل کو توڑا جا سکتا ہے۔ تعلقداری کو بے تعلق کیا جا سکتا ہے۔ غلام کو آقا بنایا جا سکتا ہے۔ حُسنِ عمل یہی ہے کہ کام کرو لیکن اُسے اپنی رُوح پر گہرا اثر پیدا نہ کرنے دو۔ سطحِ آب پر اُٹھنے والے بُلبلوں اور فنا ہو جانے والی لہروں کی طرح ان تاثرات اور محسوسات کو آغوشِ فنا میں مٹ جانے دو۔ آپ کے دست و بازو رگ و ریشے، یا فہم و فکر بھلے ہی کڑے اور بھاری کام کو کرتے رہیں لیکن آپ کی رُوح اُن کے تاثرات سے بے نیاز اور بے داغ رہنی چاہیے۔

یہ قوت وقدرت کس طرح حاصل کی جاسکتی ہے؟ اِس سوال کا جواب لینے سے پہلے سوچیے، کہ جو کام بھی آپ دل ودماغ کی تمام رغبتوں اور اُلفتوں کو اس سے وابستہ کرکے سرانجام دینگے، وہ ایک گہرا اثر چھوڑ جائے گا۔ میں دن بھر میں سینکڑوں لوگوں سے ملتا ہوں۔ اُن کی سُنتا ہوں اور اپنی سُناتا ہوں اس ہجوم میں ایسے شخص سے بھی مُلاقات ہو جاتی ہے جسے میں پیار کرتا ہوں۔ رات کو سوتے وقت جب دل میں اُن تمام چہروں کے نقوش کا پرتو دیکھنے کی سعی کرتا ہوں تو رہ رہ کر اُسی شخص کی صُورت اُبھرتی چلی جاتی ہے۔ اُسی کے خدوخال آئینۂ دل پر اُجاگر ہو جاتے ہیں۔ جس سے میں محبت کرتا ہوں اور جسے شائد ایک منٹ سے زیادہ دیکھ بھی نہیں پایا تھا۔ باقی سب چہرے مٹ جاتے ہیں۔ وجہ یہ ہے کہ اس شخص کے ساتھ مجھے جو اُنس وپیار ہے اُس نے میرے دل ودماغ میں گہرا اثر پیدا کر رکھا ہے دوسروں کے ساتھ رغبت واُلفت نہ تھی۔ اِس لیئے اُن کی صُورتیں خانۂ ذہن میں محفوظ نہ رہ سکیں۔ علم ترکیب اجسام حیوانات کے مطابق دیکھا جائے تو سب ملنے والوں کی صورتوں کے عکس آئینۂ دل پر اُترے ہیں۔ میری آنکھ کی پُتلی ہر اُس مُورت وصُورت کی تصویر اُتارتی چلی گئی۔ جسے میں نے دیکھا، لیکن اس کے باوجود سب تصویروں کے عکس ایک جیسے نہیں ہوتے۔ بہت سی تصویریں پھیکی پھیکی سی تھیں۔ اُتریں اور مٹ گئیں، بعض چہرے تو بالکل غیر مانوس اور اجنبی سے تھے۔ اکثر وبیشتر پہلی بار دیکھے تھے۔ اُن کے بارے میں دل میں کبھی کوئی سوچ بھی نہ آئی تھی۔ لیکن جس سے محبت تھی اس کے چہرے کا ہلکا سا عکس بھی دل پر گہرے نقوش پیدا کر گیا۔ شائد اس لیئے کہ دل وذہن میں اِس سے پہلے ہی کتنے خاکے اور نقوش موجود ومحفوظ تھے۔ اِن نقوش کو میں برسوں سے اُتارتا چلا آرہا تھا۔ اس لیۓ جونہی اس سے آنکھیں چار ہوئیں کتنے ہی خوابیدہ نقوش بیدار ہوگئے۔

اس ساری تعلیم وتلقین کا لُبِ لباب یہی ہے کہ مالک کی طرح کام کرو۔ نوکر کی طرح نہیں۔ مُسلسل اور پیہم کام کرو لیکن کام کے غلام بن کر نہیں۔ آپ دیکھتے نہیں کہ ہر شخص کیسے کام کرتا ہے۔؟ جسے دیکھیۓ مصروفِ کار ہے۔ اس جہان میں مکمل آرام کسے نصیب ہے؟ سب کام میں جٹے ہوئے ہیں لیکن نوّے فی صدی لوگ غلاموں کی طرح کام کرتے ہیں۔ اور نتیجہ نکلتا ہے ذلت وخواری، رنج وغم، درد وکرب۔ وجہ یہ ہے کہ یہ سب کام خود غرضی سے کیا جاتا ہے۔ ہمارے دلوں کی خود غرضی ہی یہ سنگ لاتی ہے۔ اِس لیئے میں پکار پکار کر تمہیں تلقین کرتا ہوں کہ کام آزادی کے ساتھ کرو۔ بے تعلقی کے ساتھ کرو۔ محبت کے ساتھ کرو۔

یہ لفظ عشق ومحبت کتنا مشکل اور مہمل سا لفظ ہے جس کے پُورے معنی سمجھ میں نہیں آتے۔ جذبہ

عشق و محبت اس وقت تک بیدار ہی نہیں ہوتا، جب تک آزادی حاصل نہ ہو۔ آزادی ہی سچے جذبۂ محبت کو جنم دیتی ہے۔ اور اسے پروان چڑھاتی ہے۔ غلام کے دل میں سچی محبت ہو ہی نہیں سکتی۔ چند کھنکھنے سکّے دے کر آپ غلام خرید لایئں۔ اُسے زنجیریں پہنادیں۔ اور محنت و مشقت پر مامور کردیں۔ وہ ایک بے نوا حیوان کی طرح خلافِ طبع سب محنت و مشقت کرتا چلا جائے گا۔ لیکن یہ کام پیار و محبت سے خالی ہوگا۔ ظاہر ہے کہ جب ہم بھی دُنیا دی چیزوں کے لیے غلاموں کی طرح کام کریں گے، تو ہمارے کاموں میں نہ محنت ہوگی اور نہ برکت۔ اور ہم جتنا کام بھی کریں گے، غیر حقیقی سا کام ہوگا۔ خواہ یہ کام ہم عزیز و اقارب کے لیئے کریں۔ یا اقربا و احباب کے لیئے یا پھر اپنے آپ کے لیئے۔ جذبہ خود غرضی کے تحت کیا گیا سب کام، غلاموں ایسا کام ہوگا۔ جس میں نہ برکت کی چمک دُمک ہوگی اور نہ محبت کی خُوشبو۔

اور پھر اس کی ایک پرکھ بھی ہے۔ محبت کا ہر کام مسرتوں اور خوشیوں کو دینے والا ہوتا ہے۔ ایک بھی ایسا کار اُلفت نہیں جو اپنے دامن میں سکون و قرار، رحمت و برکت نہیں لاتا۔ محبت و مسرت کا چولی دامن کا ساتھ ہے۔ حقیقی زندگی، حقیقی علم اور حقیقی محبت یہ تینوں روزِ اوّل سے ایک دوسرے کے لیئے لازم و ملزوم ہیں۔ جہاں ایک ہوگی، وہاں دوسری دونوں موجود ہونگیں۔ یہ تینوں ایک ہی جمال و کمال کے تین پرتو ہیں۔ دوسرے دو کا خیال کیئے بغیر ایک کا تصور ہی نہیں کیا جاسکتا۔ اِسی وجہ سے ہم تینوں کو اکٹھا پکارتے ہیں۔ ست (ہستی) چت (علم) آنند (مسرت) جب ہستی اضافی و اعتباری بن جاتی ہے تو کائنات کی صورت میں ہمارے سامنے جلوہ گر ہوجاتی ہے۔ اسی نسبت اور اعتبار سے علم کائناتی چیزوں کا علم بن جاتا ہے۔ اور رحمت و برکت انسانی دِلوں سے شناسا محبت کی بنیاد بن جاتی ہے۔

وہ محبت سچی محبت نہیں ہوتی جو عاشق یا معشوق دونوں میں سے کسی ایک کو رنج و عذاب دے۔ فرض کیجیے کہ ایک شخص ایک عورت سے محبت کرتا ہے۔ وہ چاہتا ہے کہ وہ پری جمال اس کی اور صرف اس کی ہو رہے اس لئے وہ عورت کی ہر حرکت کو نگاہِ حسد سے دیکھتا ہے وہ چاہتا ہے کہ وہ بیٹھے تو اس کے پہلو میں اُٹھے تو اسی کے ساتھ، چلے تو اسی کے ہم رکاب اور ہم دوش۔ کھائے تو ہم نوالہ و ہم پیالہ بن کر۔ اس کی ہر حرکت اُسکے اشاروں کی مرہونِ منت ہو۔ لیکن کیا یہ محبت ہے؟ نہیں! وہ خود اس پیکرِ حسن کی زُلفِ گرہ گیر کا غلام ہے۔ اور اُسے اپنا غلام بنانا چاہتا ہے۔ اُس کا نام عشق و محبت تو نہیں۔ یہ تو ایک غلام کی دل لگی ہے۔ جس نے عیاری سے عشق و محبت کا جامہ اوڑھ رکھا ہے۔ یہ دلبری، آشنائی

دل لگی تو حقیقی عشق و محبت نہیں کہلا سکتی کیونکہ اس کا انجام رنج و عذاب ہے، درد و کرب ہے عشق کو درد و کرب سے کیا واسطہ؟ عشق تو راحت و تسکین ہے، سکون و قرار ہے۔ رحمت و برکت ہے۔ جو محبت دل کو سکون، جان کو راحت اور ہمارے دامنِ احساس کو رحمت و برکت سے نہ بھر دے وہ محبت حقیقی محبت نہیں ہو سکتی ایسی محبت کے جامہ عیاری کو تار تار کر کے دیکھ لیجئے کوئی اور جذبہ ہی کارفرما ملے گا اس جذبہ کو عشق حقیقی کیسے کہا جا سکتا ہے؟ آپ اگر اپنے خاوند، بیوی، بال بچے ساری دنیا کل کائنات سے ایسی ہی حقیقی محبت کرنے میں کامیاب ہو جاتے ہیں کہ آپ کو نہ اندیشہ درد و کرب ہے نہ خطرہ حسد و رقابت آپ حقیقتاً اس کیفیت سے بہرہ ور ہو چکے ہیں جسے کیفیتِ بے نیازی کہا جا سکتا ہے۔

جو محبت حق و صلہ مانگتی ہے۔ وہ محبت کیسی؟ محبت دیتی ہے کچھ لینے کی آرزو مند نہیں ہوتی۔ کیا آپ اپنے بال بچوں کو جو کچھ دیتے ہیں، ان سے اس کا حق وصلہ طلب کرتے ہیں؟ نہیں! کیونکہ آپ سمجھتے ہیں کہ ان کی خدمت کرنا ان کے لیے محنت و مشقت کرنا آپ کا فرض تھا، آپ اس فرض سے سبکدوش ہونے کے عوضانہ اور قیمت وصول کرنے کے لئے دستِ سوال دراز نہیں کرتے۔ وسیع القلبی سے کام لیجئے، آپ خواہ کسی بھی فرد و قوم، کسی بھی شہر و ملک کے لئے کوئی بھی کام کریں۔ اسی طرح کریں جس طرح اپنے بال بچوں کے لئے کرتے ہیں۔ حق خدمت یا صلہ و قیمت کی اُمید و آرزو نہ رکھو اگر آپ اٹل طور پر ایسا دینے والا عنایت کرنے والا داتا بن جائیں گے کہ جو کچھ بھی دنیا کو لٹائیں بلا صلہ و قیمت لٹائیں اور جو کچھ بھی دنیا کو دیں بلا معاوضہ دیں۔ آپ کا کوئی بھی کام آپ کے لئے کوئی بندھن، گرفت، قید یا پکڑ پیدا کرنے والا نہیں رہے گا آپ آزاد اور بے نیاز رہیں گے، گرفت تو شرک کی پیداوار ہے۔ دل بستگی اور پکڑ تو وہاں نمودار ہوتی ہے، جہاں صلہ و معاوضہ کی آرزو ہوتی ہے۔ یہ آرزو ہی نہ رہی تو پھر گرفت کیسی!

اگر غلاموں کی طرح کام کرنے سے خود غرضی، دل بستگی اور گرفت پیدا ہوتی ہے تو اپنے دلوں کے مالک و آقا بن کر کام کرنے سے رحمت و برکت اور بے نیازی ملتی ہے۔ ہم اکثر حق و انصاف کی باتیں کرتے ہیں لیکن ہم دیکھتے ہیں کہ اس دنیا میں حق و انصاف کی باتیں طفلانہ گفتگو سے زیادہ وقعت نہیں رکھتیں۔ ایک ہے قوت اور دوسری ہے رحم و کرم۔ اکثر صورتوں میں قوت اور تشدد کا استعمال خود غرضی کی وجہ سے ہوتا ہے۔ اکثر و بیشتر مرد اور عورتیں اپنے حق و اختیار کے بل بوتے پر دنیا کا سب کچھ سمیٹ لینا چاہتے ہیں لیکن دوسری طرف رحم و کرم ایک خدائی جذبہ ہے۔ رحم و کرم گویا کلیدِ بہشت ہے۔ لیکن رحم و کرم کرنے سے ہمیں رحیم و کریم بننا ہوگا۔ حق و انصاف کی بنیاد بھی رحم و کرم پر ہونی چاہیے۔ کسی کام کا صلہ و معاوضہ حاصل کرنے کی آرزو ہماری روحانی ترقی روک دیتی ہے بلکہ بالآخر رنج والم لاتی ہے۔ رحم و کرم اور بے لوث سخاوت کے خیال و فکر کو عملی صورت پہنانے کا ایک اور ذریعہ

بھی ہے اور وہ ہے سرگن ایشور میں یقین و اعتقاد رکھتے ہوئے کام کو عبادت اور بندگی تصور کرنے لگیں۔ اس صورت میں ہم اپنے تمام کاموں کا ثمر حوالۂ خدا کر دیں۔ ایشور ارپن کر دیں۔ اور اس طرح ایشور کی عبادت کیا کرتے ہوئے بنی نوعِ انسان کی خدمت کریں اور اپنی اس خدمت کا کوئی صلہ و معاوضہ طلب نہ کریں۔ وہ پروردگار خود مسلسل اور پیہم کام کرتا ہے اور ہمیشہ بے تعلق اور سب سے نیارہ رہتا ہے۔ جیسے پانی کنول کی پتیوں کو نمناک نہیں کر سکتا، اسی طرح کوئی کام کسی بے غرض اور بے لوث انسان کو پابند و اسیر نہیں بنا سکتا۔ ایسا کوئی گناہ اس کی طرف آنکھ اٹھانے کی بھی جرأت نہیں کر سکتا۔

قربانیِ نفس جاں نثاری اور ایثار کی بہترین مثال حسب ذیل داستان سے مل سکتی ہے :- کورد کھیشتر کی جنگ کے بعد پانچوں پانڈو بھائیوں نے بہت بڑا یگیہ کیا اور غریبوں، محتاجوں کو بہت کچھ دیا۔ تمام لوگ اس قدر بڑے یگیہ سے بہت حیران ہوئے اور پانڈووں کی بے نظیر سخاوت اور دریا دلی دیکھ کر کہنے لگے کہ ایسا یگیہ دنیا میں پہلے کبھی نہیں ہوا ۔ جب سب تقریبات ختم ہو گئیں تو وہاں ایک نیولا نمودار ہوا جس کا آدھا جسم مٹیالے رنگ کا تھا اور آدھا سنہری۔ اس نے یگیہ شالہ میں ناچنا کودنا شروع کر دیا اور زور زور سے کہنے لگا کہ "تم سب جھوٹ بولتے ہو۔ یہ یگیہ یگیہ نہیں۔" لوگ حیران ہو کر بولے "تم کیا کہتے ہو، کیا تمہیں پتہ ہے کہ اس یگیہ پر کس قدر دولت بہائی گئی ہے اور اس قدر دولت خیرات میں دی گئی ہے کہ ہر شخص امیر و مسرور بن کر جائے۔ ایسا یگیہ تو ہم نے نہ کبھی دیکھا ہے اور نہ دیکھیں گے۔" لیکن یہ نیولا بولا "ایک چھوٹے سے گاؤں میں ایک غریب برہمن اپنی بیوی، اپنے بیٹے اور بیٹے کی بہو کے ساتھ رہتا تھا۔ یہ بہت مفلس تھے اور بچوں کو پڑھا کر جو تھوڑا بہت ملتا اس میں گزارہ کرتے تھے۔ تب اس علاقہ میں تین سال کے لئے قحط پڑ گیا جس سے اس غریب برہمن کی حالت اور بھی خستہ ہو گئی، کئی دنوں کے فاقے کے بعد برہمن کو کہیں خوش قسمتی سے تھوڑا سا جو کا آٹا مل گیا۔ اس کے انہوں نے چار حصے کیے تاکہ ایک حصہ ہر ایک کو مل جائے۔ جب وہ اسے پکا کر کھانا کھانے لگے اس وقت دروازے پر دستک ہوئی۔ خدمتِ مہمان، اتھتی پوجا کو ایشور پوجا سمجھنے والے برہمن نے باہر آ کر کہا "آئیے مہاراج پدھاریئے، ہم آپ کا سواگت کرتے ہیں یہ کہہ کر اس نے مہمان کے آگے اپنا حصہ پیش کر دیا۔ جو وہ برہمن جھٹ سے چٹ کر گیا اور بولا "مہاراج، تم نے تو مجھے مار دیا۔ میں تو دس دن سے بھوکا تھا۔ فاقوں مر رہا تھا۔ یہ تھوڑا سا کھانا کھا کر میری بھوک تو اور چمک اٹھی ہے"! تب برہمن کی بیوی اپنے شوہر سے بولی "انہیں میرا حصہ بھی دے دیجیے" برہمن بولا "نہیں! یہ تم کھا لو" لیکن وہ بولی "یہ غریب ہمارا مہمان ہے۔ ہمارا فرض ہے کہ صاحبِ خانہ ہوتے ہوئے اسے پیٹ بھر کر کھانا کھلائیں اب میرا فرض ہے کہ میں اپنا حصہ پیش خدمت کر دوں"۔ مہمان نے یہ حصہ بھی کھا لیا اور بولا "میری بھوک ابھی نہیں مٹی۔ کچھ اور کھانے کو

دو۔ یہ سُن کر بیٹے نے اپنا حصّہ پیش کر دیا۔ مہمان نے یہ حصّہ بھی کھا لیا۔لیکن اس کی بھُوک پھر بھی نہ مٹی۔ اور پھر بیٹے کی بہُو نے بھی اپنا حصہ دے دیا۔ جب مہمان نے کھا لیا اور دُعائیں دیتا ہوا چل دیا۔اس رات یہ چاروں بھوک اور فاقہ سے لقمۂ اجل بن گئے۔ وہاں فرش پر کھانے کے چند دانے بکھرے ہوئے تھے۔جب میں اِن دانوں پر لوٹ پوٹ لیٹا، میرے جسم کا آدھا حصّہ سُنہری بن گیا۔اور باقی کا آدھا جوں کا توں رہ گیا۔تب سے میں ایسے کسی دوسرے یگیہ کو دیکھنے کے لیے دُنیا بھر کی خاک چھان رہا ہوں تاکہ کہیں ایسے ہی اناج کے چند دانے مِل جائیں اور جسم کا باقی آدھا حصہ بھی سُنہری بن جائے لیکن مجھے کہیں ایسا دوسرا یگیہ نہیں ملا۔اسی وجہ سے میں یہ کہتا ہوں کہ یہ یگیہ کوئی یگیہ نہیں"۔

جذبۂ ایثارِ نفسی اور رحم وکرم کا خیال اب ہندوستان میں مرتا جا رہا ہے۔یہی وجہ ہے کہ مخلص بے نفس اور نیک آدمی روز بروز کم ہوتے جا رہے ہیں۔

آپ یہ بات اب بخوبی سمجھ گئے ہونگے۔کہ کرم یوگ کے معنی کیا ہیں؟ آخری سانس تک بلا حیل و حجت غیر مشروط طور پر رحم وکرم کرتے چلے جانا۔اور اس کے صلہ اور عوضانہ کی آرزو تک نہ کرنا۔لاکھوں بار ٹھگے جانے کے باوجود حرفِ شکایت مُنہ پر نہ لاؤ۔ایک لمحہ کے لیے بھی نہ سوچو کہ تم کیا کر رہے ہو۔تم نے کبھی کسی محتاج اور غریب کو کچھ راہِ خدا میں دیدیا تو اس پر شیخیاں مت بگھارو۔کسی سے بھی شکریہ یا صلہ کی اُمید و آرزو نہ رکھو۔بلکہ دوسروں کا شکریہ ادا کرو کہ انہوں نے تمہیں سخاوت کرنے اور ایثار و قربانی کرنے کا نادر موقع بہم پہنچایا۔